LES JEUNES LES DROGUES ET L'ALCOOL

Cet ouvrage a été originellement publié par
BETTERWAY PUBLICATIONS, INC.
P.O. Box 219
Crozet, VA 22932, U.S.A.

sous le titre: KIDS, DRUGS & ALCOHOL

Publié avec la collaboration de
Montreal-Contacts/The Rights Agency
C.P. 596, Succ. «N»
Montréal (Québec)
H2X 3M6

Dépôt légal, 1er trimestre 1990
Bibliothèque nationale du Québec
Bibliothèque nationale du Canada
ISBN: 2-89089-692-7

LES ÉDITIONS QUEBECOR
Une division de Groupe Quebecor inc.
4435, boul. des Grandes Prairies
Montréal (Québec)
H1R 3N4

Distribution: Québec Livres

Conception et réalisation graphique
de la page couverture: Bernard Lamy

Photo de la couverture: Pierre Dionne

Impression: Imprimerie L'Éclaireur

Anne Swany Harrity
Ann Brey Christensen

LES JEUNES LES DROGUES ET L'ALCOOL

Traduit de l'américain
par
Michèle Thiffault

Notre engagement personnel dans la lutte contre l'abus de drogues et d'alcool par les adolescents fut d'abord motivé par les manchettes d'un quotidien:

LEUR VOITURE PLONGE DANS LA RIVIÈRE:
5 ADOLESCENTS MEURENT

UN ADOLESCENT TUÉ LORS D'UN PARTY

VICTIME D'UNE BAGARRE DANS UN PARTY

ENFANTS TRANSPORTÉS À L'HÔPITAL PAR SUITE D'UN «PARTY DE PILULES»

Nous dédions donc ce livre aux organisations de parents à travers le pays qui travaillent afin que de telles tragédies ne se reproduisent plus.

Remerciements

Nous voulons remercier les sociétés et les personnes suivantes pour leur aide, leur appui et leur générosité dans le partage des ressources, de l'information et des idées qui ont rendu possible la publication de ce livre.

REMERCIEMENTS AUX SOCIÉTÉS

Corporate Graphics
IBM
Kemper Group
Public Service Company du Colorado

REMERCIEMENTS AUX PERSONNES

Un merci spécial à M. Tom Brewster, M. serv. soc., directeur adjoint, et au docteur Thomas J. Crowley, directeur des Services de recherches et de traitements en toxicomanie du Centre des sciences de la santé de l'Université du Colorado.

Nous remercions également M. H. Michael Steinberg, procureur général du comté d'Arapahoe; M. Donald O. Cramer; M. Michael Sabbeth; M. Charles Richardson; Mme Loretta Huffine, juge de la cour municipale d'Aurora; les membres du corps policier d'Aurora, spécialement le lieutenant Tom Cornelius, le chef de division Jerry Fricke (retraité), l'agent Paul Grey, le lieutenant Tom Maron, l'officier Scott Weaver, l'agent Ted Wiggin; Mme Donna Shear, éditrice du *Sentinel* d'Aurora; Big Brothers, Inc. et M. Bert Singleton; le docteur Ken Ash et M. Armon Johannsen, du comité d'étude CAP de Fort Collins, Co.

Les membres du district scolaire de Cherry Creek ont grandement appuyé nos efforts. Nous voulons remercier tout particulièrement le docteur Donald K. Goe, Mme Helen Bess, le docteur Bill Porter, M. Joseph Adamo, Mme Tamara Bauer, M. Ed Ellis, le docteur Fred Henderson, Mme Diana Stevens, Mme Nancy Day et Mme Leslie Hatfield. Nous remercions aussi les étudiants de l'école secondaire Overland pour leur participation: M. Tim Carter, Mlle Heather Dowd, M. Jim Luthi, Mlle Ginger Margolin, M. Bryan Webb et Mlle Kirstin Weidemueller; le Comité d'étude d'Overland pour une jeunesse sans alcool et sans drogue, particulièrement Mme Margie Barnes, Mme Linda Burniston, M. Joe Dowd, M. Pete Harrity, M. Rick Kissinger, Mme Jean Thayer, Mme Vicki Webb et le Comité d'étude de Cherry Creek sur les jeunes et les drogues, dont Mme Brownie Harvey, Mme Brenda Holben et Mme Sherry Sargent.

M. Phillip J. Weiser du Highway Safety, division du Colorado; Mme Dee Melander, directrice, et M. Bill Melander du SADD du Colorado; M. Michael Collum, directeur du Teen Institute du Colorado; Mme Joan P. Herst du *Denver Post*; messieurs Jim Berry et Dan Sinawski, enquêteurs du Service du revenu; le docteur Charles E. Llewellyn jr, directeur du Département de psychiatrie sociale et communautaire de l'Université Duke; M. Jim Porter, directeur du Comité sur l'alcoolisme de l'école secondaire Mile High; Mme Lynda Brian de Mountain Area Families in Action (MAFIA); M. George Anderson, pharmacien; M. Gary Buss, pharmacien; David E. Dangerfield, Ph. D. serv. soc.; M. Michael H. Shaffer, M. serv. soc.; Mme Mary Boyd, directrice, et Mme Marti Greeson, service de la sécurité des magasins 7-Eleven; Mme Dee Gordon du réseau d'information des parents de l'école secondaire Smoky Hill; M. Nicholas Braucht, professeur à l'Université de Denver; M. Dan Morgan du *Washington Post*; Mme Cheryl Malvestuto, directrice générale du centre d'information de Western Insurance; M. John Hartle, directeur régional de Young Life.

Mme Carol Boigon, du *Sentinel* d'Aurora; Mme Jane Hulse, du *Rocky Mountain News*; Mme June Perryman, de Parents Who Care, Inc.; Mme Jan Strege; Mme Becky Clamp; Mme Joanne Stribling; Mme Anne Feely et Mme Jann Glatz, conseillères, abus de substances.

Parents! Saviez-vous que...

l'usage de la drogue est devenu une préoccupation majeure de la population au même titre que les questions économiques et la guerre? L'abus d'alcool et de marijuana est une des principales causes de décès chez les adolescents?

À PROPOS DE L'ALCOOL

- Au Québec, 52 % des jeunes de 12 à 19 ans consomment de l'alcool régulièrement, c'est-à-dire une fois par mois ou plus.

- Chez les jeunes, 8,7 % des garçons entre 15 et 24 ans sont dépendants de l'alcool; chez les filles, le pourcentage pour le même groupe d'âge est de 5,3 %.

- Soixante-quatre p. cent (64 %) des adolescents de 14 ans ont déjà pris de l'alcool.

- Plusieurs adolescents, dont beaucoup d'athlètes, avouent boire d'abord pour se «défoncer» et non pour relaxer ou les aider à socialiser.

- Les adolescents qui boivent de l'alcool courent beaucoup plus de risques d'avoir des problèmes d'alcoolisme ou d'utiliser d'autres drogues que les non-buveurs.

— À PROPOS DES AUTRES DROGUES —

- À l'âge de 14 ans, 32 % des adolescents ont déjà été initiés à une drogue autre que l'alcool.

- Près de 60 % des jeunes du secondaire prennent de la marijuana à l'occasion.

- Une proportion de 18,6 % des adolescents du secondaire consomment de la marijuana plus d'une fois par semaine.

- Les jeunes s'initient de plus en plus tôt aux substances psychoactives.

Table des matières

Introduction

Plusieurs d'entre nous, adolescents dans les années 1950 et 1960, sont aujourd'hui parents d'adolescents. On entend souvent des adultes, peut-être vous, dire d'un ton moqueur: «Les jeunes d'aujourd'hui sont *différents* de nous lorsque nous étions adolescents!» Que trouvons-nous de si différent chez les jeunes d'aujourd'hui? Ils recherchent leur identité et leur autonomie. Leur amour-propre d'adolescent est fragile. Ils cherchent à être aimés de leurs pairs. Ils veulent être *cools*. Ils veulent prouver qu'ils ne sont pas des enfants. Pourtant, ils veulent aimer et être aimés.

N'est-ce pas là une description assez juste de nous-mêmes adolescents, il y a à peu près une vingtaine d'années? Enfants, nous prenions des risques. Beaucoup de risques. Nous avons survécu à nos aventures d'étudiants — souvent de justesse — et nous sommes devenus des parents. La principale différence entre les adolescents d'aujourd'hui et ceux d'autrefois c'est que, maintenant, la satisfaction de ces besoins tout à fait normaux implique un choix quant à l'alcool et aux autres drogues. Au contraire de leurs parents, les adolescents des années 1980-1990 ont facilement accès à l'alcool et aux drogues à un très jeune âge. Par conséquent, nos *adolescents* ne sont pas très différents, mais la *société* l'est!

Plusieurs de nos enfants essaient des drogues qui étaient pratiquement inconnues de la génération précédente. Les effets à long terme de plusieurs sont encore inconnus. Ils reçoivent beaucoup de pression de leur entourage. *Overdose*, *défoncé*, *éclaté*, *gelé*, *fixe*, etc. font tous partie d'un nouveau vocabulaire bien connu de nos enfants. Plusieurs d'entre nous n'ont jamais eu affaire aux drogues pendant l'adolescence et souvent, nous ne savons pas si nos enfants ont des problèmes, et encore moins comment y faire face.

Ce guide veut combler le vide qui existe en éducation préventive. Il ne s'agit pas d'un manuel visant à régler soi-même les problèmes de drogues et d'alcool. Il est plutôt conçu pour familiariser les parents avec le sujet, exposer certains problèmes sociaux (comme les parties où chacun apporte sa boisson), fournir une information de base sur les drogues les plus couramment utilisées par les adolescents et offrir des suggestions pratiques de prévention, de détection précoce et d'intervention.

Si, après avoir lu ce livre, vous croyez que votre adolescent a un problème, DEMANDEZ DE L'AIDE! Commencez par votre médecin de famille ou votre pédiatre. Vous trouverez certaines sources en annexe et d'autres dans les pages jaunes sous les rubriques «Alcoolisme» et «Toxicomanie».

MÊME SI VOTRE ENFANT *NE FAIT PAS* PARTIE DES SEPT POUR CENT DE JEUNES DE 15 À 24 ANS QUI SONT DÉPENDANTS D'UNE SUBSTANCE CHIMIQUE, il est quand même affecté négativement par cette épidémie. Que votre adolescent soit non-utilisateur, expérimentateur ou consommateur régulier, il a désespérément besoin de votre compréhension, de votre appui, de vos conseils et de votre encouragement continuel.

N'OUBLIEZ PAS que la meilleure arme d'un enfant contre l'alcool et les drogues est un parent bien informé! Impliquez-vous avant que votre enfant ne le fasse!

1.
La réalité des adolescents

CARACTÉRISTIQUES DE L'ADOLESCENT TYPIQUE*

La gêne

Le thème central de l'adolescence est la recherche de soi.

L'adolescent doit se familiariser avec un nouveau corps et il doit inclure ce corps dans l'image qu'il a de lui-même. Cette prise de conscience de ses propres caractéristiques physiques explique les nombreuses heures passées devant le miroir de la salle de bains.

Cette conscience de soi se manifeste par une grande gêne. Les différences individuelles par rapport aux autres adolescents deviennent plus apparentes qu'à un plus jeune âge. Le caractère unique propre à chacun, encore mal compris, n'est pas tout à fait le bienvenu.

La gêne de l'adolescent provient du fait qu'il doit trouver son identité comme individu plutôt que comme membre d'une famille ou d'un groupe de jeunes. On peut donc dire que le jeune

* Tiré d'*Aggressive Adolescents*, de David E. Dangerfield, Ph. D. serv. soc., et Michael H. Shaffer, M. serv. soc., associés en formation professionnelle. Reproduit avec la permission des auteurs.

adolescent recherche qui il est, alors que l'adolescent plus vieux cherche quoi faire avec lui-même et ce qu'il peut y changer.

En conflit avec sa famille

Pour assurer la séparation de sa famille et trouver une autre définition de lui-même, l'adolescent doit briser les liens familiaux. Briser ces liens signifie qu'il se soustrait à l'autorité, à l'affection, à l'appui, à l'intimité et à la possession de la famille, sans oublier les habitudes et les traditions familiales. Les parents et l'adolescent sont en guerre, mais l'adolescent est aussi en guerre avec lui-même à cause de l'ambivalence qui accompagne le désir de devenir adulte.

Si les parents se mêlent de la vie de l'adolescent, ils sont indiscrets et autoritaires. Si, au contraire, ils ne s'en mêlent pas, ils sont insensibles et peu intéressés ou «ils ne comprennent pas».

Les parents, qui sont coupables qu'ils agissent d'une façon ou d'une autre, doivent quand même fournir des limites, à la fois pour donner à l'adolescent quelque chose à combattre et lui procurer un sentiment de stabilité et de sécurité.

Attachement fervent au groupe d'amis

Le groupe d'adolescents est différent du groupe d'enfants parce qu'il ne se considère plus comme faisant partie de l'enfance, mais comme «un nouveau genre de société adulte». Les adolescents ne croient pas qu'ils deviendront des adultes comme leurs parents; ils voient plutôt leur maturité comme étant unique, ce qui les différencie des adultes de leur monde.

Le rejet des adultes atteint son apogée au début de l'adolescence. Tous les adultes sont inclus, sauf peut-être un parent exceptionnel, un entraîneur ou un adulte que les enfants considèrent différemment. Au cours de son adolescence, le jeune passera d'un groupe d'amis du même sexe à une attirance pour le sexe opposé, d'un groupe du voisinage à un groupe géographique plus grand, qui augmente considérablement avec la mobilité qu'offre le permis de conduire.

Tous les adolescents sont «en campagne», car ils ont tous besoin d'être reconnus par les autres afin de savoir qui ils sont. Des cliques se forment dans les écoles secondaires, selon les types de personnalité et les habiletés, par exemple les sportifs, les intellectuels, etc.

Les adolescents sont si peu sûrs d'eux-mêmes qu'ils feront n'importe quoi pour s'éloigner des étudiants impopulaires, comme s'ils étaient contagieux. Ils entretiennent plutôt des relations avec les étudiants populaires, espérant que cette popularité déteindra sur eux.

La recherche de conformité et de popularité

Chez les adolescents, la stricte conformité est la règle. On pourrait appeler ce phénomène la «névrose de conformité». Dans les cas extrêmes, on peut voir des adolescents risquer leur vie pour demeurer dans un groupe.

La recherche de personnalité est plus souvent la recherche de trucs ou de particularités qui feront que les gens les aimeront, plutôt que la recherche d'une sécurité intérieure. Les adolescents ne se contentent pas d'être ce qu'ils *sont*. Ils ont besoin d'entendre quelqu'un leur dire qu'ils sont beaux et qu'ils sont bons, et plus l'approbation et l'appui sont grands, mieux ils sont. Le rare adolescent pour qui la popularité importe peu verra les autres se rassembler autour de lui, comme autour d'un pilier tout-puissant, avides de cette confiance en soi.

Il est intéressant de noter que les parents ignorent souvent les critères selon lesquels les adolescents choisissent leur *gang*. Malgré leurs efforts, les parents continuent à être déroutés par le choix d'amis de leur adolescent et par la loyauté qu'il leur accorde.

Les préoccupations face aux changements physiques

L'adolescence est une période d'embarras physique, de rasage de duvet, de mesure de taille presque quotidienne. C'est le temps de la musculation, de l'achat de soutien-gorge, de la mue de la voix, des coiffures et des prises de conscience de l'apparence, de l'allure et de l'attirance physique.

L'opinion que l'adolescent a de lui-même dépend grandement de l'image qu'il a de son corps. Bien que cela soit vrai pour tout le monde, ce phénomène est plus accentué à l'adolescence qu'à l'âge adulte. Les adolescents, presque sans exception, jugent très sévèrement leur apparence physique, alors que les adultes apprécient (ou du moins acceptent) leur corps et leur apparence générale. Le corps de l'adolescent est la façade qu'il montre au monde; il est donc très important. De façon générale, les adolescents ne se jugent pas objectivement et ils s'arrêtent seulement sur les points qui ne satisfont pas à «l'image idéale».

Les essais pour se créer une personnalité

L'adolescent ne recherche pas vraiment quelque chose qui existe; il cherche plutôt quelque chose qui n'existe pas: la personnalité. L'adolescent essaie différents styles vestimentaires, poignées de main, voix, écriture, salutations et manières; il essaie différents comportements jusqu'à ce qu'il en trouve un qui lui convienne. Ces expériences ont pour but de découvrir ce que les différents styles lui apportent et de voir les réactions qu'ils provoquent chez les autres. Chaque nouvelle personnalité doit être pleinement assumée et ne peut être remise en question. La personnalité de la semaine précédente est rejetée comme si elle n'avait jamais existé. Cependant, l'adolescent ne peut évaluer le rôle qu'il joue s'il n'a pas de réactions de son entourage. Plus les gens le tiennent pour acquis, plus il se remet en question. Le rôle de l'adulte est donc de réagir en donnant une opinion honnête sur les changements de personnalité.

Vers la fin de l'adolescence, le jeune commencera à être vraiment lui-même et les changements seront moins brusques.

Le refoulement des pensées sexuelles

Tous les adolescents ont un sentiment de gêne, une crainte de laisser échapper ce qui les préoccupe au mauvais moment.

C'est le temps de peser le pour et le contre des messages culturels contradictoires: «Le sexe est mauvais; il faut le garder pour quelqu'un qu'on aime» ou encore «Le sexe est fantastique; ne le dites surtout pas à mes enfants».

Le point de mire de l'adolescent masculin est très concentré sur les parties génitales, alors que chez les filles, il est plus diffus. Pour les garçons, le désir sexuel est séparé de l'amour, alors que pour les filles, les deux sont plus liés.

Le côté sexuel de notre être est très important; l'adolescent doit y consacrer de l'attention et du temps. Cela est essentiel à la formation de son identité générale.

L'idéalisme

La recherche des principes philosophiques de l'adolescent provient de la recherche de son identité et de sa place dans le monde.

Souvent, l'adolescent cache son idéalisme à ses amis et à sa famille, particulièrement à ses parents. L'adolescent critiquera ses parents en disant «vous ne me comprenez pas» si ceux-ci ne reconnaissent pas cet aspect de sa personne.

L'idéalisme se manifeste par la recherche de sincérité et d'honnêteté dans les relations. Cet idéalisme est à l'origine des longues marches solitaires, de la poésie ou des longues heures avec les écouteurs sur la tête. Ce même idéalisme anime la grande solidarité qu'il porte à l'humanité tout entière.

L'adolescent peut être en parfait accord avec les opprimés et il peut sembler rechercher des «causes» qui le font réagir avec émotion. De même, plusieurs adolescents sont attirés par l'idéalisme religieux, certains par l'apparat ou le militantisme et d'autres par la simplicité du noir et du blanc et du bon et du mauvais. La préoccupation de l'adolescent pour la religion fait partie de sa préoccupation pour la nature du monde dans lequel il évolue. Ainsi, l'existence et la nature de Dieu et le besoin de foi sont des sujets longuement débattus dans les discussions de groupe.

À la fin de l'adolescence, la plupart des gens ont accepté «les choses telles qu'elles sont» et ils peuvent concentrer leurs énergies sur leur rôle d'adulte, soit vivre et subvenir à leurs besoins.

– LA PRÉDISPOSITION DE L'ADOLESCENT – POURQUOI?

Pourquoi pas? Si on retrouvait les symptômes de l'adolescence chez un adulte, celui-ci serait diagnostiqué malade. Examinons les symptômes d'un point de vue adulte — en supposant qu'un adulte souffre de ces symptômes.

- ✓ La personne a très peu confiance en elle-même et elle est en pleine crise d'identité.

- ✓ La personne est sujette à des sautes d'humeur extrêmes et incontrôlables, causées en partie par un déséquilibre hormonal temporaire.

- ✓ À un moment où la personne est presque paranoïaque au sujet de son apparence, elle est vulnérable aux changements physiques soudains et importants, dont plusieurs — acné, maladresse, manque de coordination, etc. — sont peu attrayants.

Même si l'adolescent a besoin de l'appui de sa famille pour faire face à sa situation, il peut sembler contraint de couper le cordon ombilical qui le relie à ses parents et qui le gêne. Cependant, une fois le cordon coupé ou suffisamment affaibli, il peut être prêt à renoncer à son indépendance, pour laquelle il s'est battu, afin de retrouver la sécurité et l'acceptation auprès de ses amis. Malheureusement, il découvrira peut-être que ses amis exigent une conformité encore plus grande.

S'il est chanceux, il s'associera à un groupe compatible qui complétera positivement ses insuffisances et qui l'aidera dans son processus de maturation. D'un autre côté, les membres de son nouveau groupe peuvent manquer tout à fait de maturité, être opposés à ses principes, être tyranniques et même abusifs. Tout comme la femme battue, l'adolescent peut choisir de s'en contenter et de continuer à rechercher leur approbation car il ne voit pas d'autre solution possible pour le moment.

Alors qu'il se démène avec ses relations personnelles, l'adolescent doit aussi faire face aux réalités de la vie de tous les jours. L'école secondaire comporte des responsabilités qui n'ont rien à voir avec les jeux d'enfants. Il découvre les «nécessités» de la vie. L'argent, le transport, les options commencent à lui créer des problèmes. Chaque jour apporte un nouveau problème.

Tous ces embarras, ajoutés aux conflits intimes concernant la sexualité émergente, la désillusion face aux idéaux et la prise de conscience de ses sentiments, causeraient un stress insupportable pour la plupart des adultes. Encore plus pour l'adolescent qui est moins évolué et moins mûr! Un adulte faisant face à une telle crise traumatisante sera fortement tenté de relaxer ou de fuir temporairement ce stress impitoyable avec une dose de Valium ou quelques martinis, deux méthodes adultes, socialement acceptées, de lutte contre le stress.

Aujourd'hui, les adolescents ont facilement accès à l'alcool et aux drogues et plusieurs se sentent incapables, à un certain moment, de faire face au stress, à la colère, à la crainte, à l'insécurité, à la pression des autres, etc. À partir de l'âge de 15 ans, la consommation d'alcool et de drogues est la norme sociale dans la plupart des communautés. Les adolescents qui ne participent pas sont une minorité, phénomène qui s'accroît avec la classe sociale. La question se pose donc: «Pourquoi pas?»

2. Les drogues et leurs effets

LES FACTEURS À CONSIDÉRER

La consommation de drogues et d'alcool chez les adolescents de votre communauté est probablement similaire aux statistiques nationales qui indiquent que 64 % des adolescents de 14 ans ont déjà pris de l'alcool. Un enfant commence à prendre de la marijuana en moyenne à 14 ans. Récemment, l'usage de la cocaïne a fait son entrée dans les écoles secondaires grâce à une baisse des prix. Une telle situation soulève énormément de questions, dont certaines au sujet des liens entre la consommation de drogues et les autres problèmes d'adolescents.

Quelles sont les drogues des adolescents?

Une drogue est une substance chimique qui provoque un changement physique, émotif ou mental chez une personne. L'alcool, le tabac, l'aspirine et même la caféine (que l'on retrouve dans le café, le thé, le cacao et les boissons gazeuses) sont des drogues. D'autres drogues, moins utilisées, sont le THC (dans la marijuana et le haschich), les amphétamines, les barbituriques, les tranquillisants, les narcotiques, la cocaïne, la phencyclidine (PCP), les substances chimiques volatiles (la colle et autres produits à inhaler) et le LSD. Vous trouverez à l'annexe A un tableau des substances contrôlées, de leurs usages et de leurs effets.

Selon un sondage sur l'usage des drogues effectué dans les écoles secondaires de la Commission des écoles catholiques de Montréal, il existe une tendance bien définie dans l'usage des drogues chez les adolescents. Le sondage de 1984 révélait que l'alcool était la drogue la plus populaire, suivi du tabac, de la marijuana/haschich et, loin derrière, de la cocaïne et des autres substances chimiques.

Le docteur Robert L. DuPont, président du *Center for Behavioral Medecine* et ancien directeur du NIDA, affirme que: «Trois drogues conduisent à la dépendance en Amérique: l'alcool mène à l'intoxication chimique, la marijuana mène à l'usage illicite de la drogue et la cocaïne conduit à l'usage illicite intense de la drogue. Ces drogues servent d'introduction parce qu'elles sont généralement, et faussement, considérées comme inoffensives et faciles à contrôler par le consommateur.» Cette observation concernant les trois drogues les plus populaires chez les adolescents provient d'un article du Dr DuPont intitulé «Marijuana, Alcohol and Adolescence: A Malignant Synergism», paru dans le *Journal of the American Medical Association* du 25 octobre 1985.

Qui est en danger?

Dans l'introduction du documentaire télévisé *Generation at Risk*, Mme Nancy Reagan affirmait que l'abus d'alcool et de drogues chez les adolescents et les problèmes qui y sont reliés (grossesse chez les adolescentes, suicide, abandon des études, comportement délinquant, etc.) menacent la santé et le bonheur de toute une génération, celle des enfants du pays. Aucune famille n'est à l'abri. Cependant, certains enfants semblent être plus en danger que d'autres. Par exemple, on considère que les groupes suivants sont plus susceptibles de consommer de l'alcool et des drogues: les jeunes garçons, les adolescents qui ont un groupe d'amis qui boivent et prennent des drogues, les adolescents qui ont connu des échecs, les enfants de familles à problèmes.

Chez les adolescents qui utilisent déjà des substances chimiques, il y a d'autres facteurs à considérer. Par exemple, on croit que les adolescents deviennent dépendants de l'alcool plus rapidement que les adultes. Les enfants de parents alcooliques courent quatre fois plus de risques à cause de facteurs biologiques, de devenir alcooliques que les enfants de parents non alcooliques. Il faut examiner les facteurs de risque de son propre enfant.

Pourquoi mon enfant prendrait-il de l'alcool ou d'autres drogues?

Les jeunes, surtout au début de l'adolescence, prennent de la drogue pour plusieurs raisons personnelles. Peu importe la raison, l'adolescent considère que le bienfait immédiat est beaucoup plus important que les risques à long terme — dépendance, mort par suite d'une *overdose* et conduite avec facultés affaiblies, par exemple. Cependant, on peut identifier plusieurs raisons générales qui les incitent à prendre de la drogue.

- La disponibilité. Il y en a partout; pourquoi ne pas essayer?
- La curiosité associée au désir d'expérimenter ce qui est à la mode.
- L'influence sociale de l'entourage, de la famille et des médias.
- Le besoin de paraître ou de se sentir «adulte» et indépendant.
- Le désir d'attention, qui est faussement associé à la popularité.
- Le besoin d'être soi-même qui, consciemment ou subconsciemment, peut être une tentative de rébellion contre l'autorité.
- Un moyen d'exprimer sa colère et (ou) de se venger de ses parents.
- Le désir d'augmenter le plaisir ou la recherche d'excitation et de risque.

- L'incapacité de faire face à la réalité, accompagnée d'un besoin de diminuer le stress causé par les résultats scolaires, les relations, les problèmes avec les parents, etc.

- Le besoin de diminuer la douleur causée par les «mauvaises» sensations (par exemple, manque de confiance, solitude, peur, colère, culpabilité, ressentiment, etc.).

L'alcool, les autres drogues et le sexe à l'adolescence

L'âge moyen de la première relation sexuelle est 16,2 ans; elle baisse à 15,5 ans chez les populations urbaines et minoritaires. Le quart des victimes de maladies transmises sexuellement sont encore à l'école secondaire.

Un sondage sur l'activité sexuelle des adolescents, effectué en Alberta, révélait que les 16,6 % des jeunes de 13 ans avaient déjà eu une relation coïtale. À 16 ans, 40 % avaient fait de même. De ces adolescents, 59 % affirmaient avoir eu leur première relation sexuelle à la maison alors que leurs parents étaient absents.

L'alcool, les autres drogues et le suicide à l'adolescence

Au Canada, le taux de suicide en 1982 chez les jeunes garçons de 15 à 19 ans était cinq fois plus élevé qu'en 1965. Le suicide était la cause de 15 % des décès chez les 10 à 19 ans en 1983. Des 3 558 suicides rapportés en 1980 au Canada, environ 1 000 étaient reliés à l'alcool. Pour chaque suicide rapporté, on estime qu'il y a entre 50 et 100 tentatives. Plusieurs, mais certainement pas tous, peuvent être considérés comme la conséquence d'une vie abusive. Plus de la moitié des suicides chez les adolescents sont reliés à la drogue.

Pourquoi une jeune personne tenterait-elle de s'enlever la vie? Les spécialistes croient que même si les adolescents ont depuis toujours connu des bouleversements physiques et émotifs, la génération d'aujourd'hui subit encore plus de pressions. Cette génération doit faire plus de choix, a une plus grande liberté et moins de limites que toute autre. La dépression normale de l'adolescence peut être intensifiée par une crise familiale, un divorce, la mort d'un parent ou d'un ami, la pression des pairs, la pression des parents pour réussir, un échec en amour ou en amitié, un déménagement ou un changement d'école, un problème d'apprentissage, etc. La majorité des suicides chez les adolescents ont été précipités par un problème avec les parents; le tiers implique une personne de l'autre sexe.

Les adolescents utilisent souvent l'alcool et les autres drogues comme une solution *temporaire* à leurs problèmes. Plusieurs drogues, dont l'alcool, sont des dépresseurs additionnels et peuvent amener ces mêmes adolescents à choisir la mort comme solution *finale* parce que les moyens temporaires ont échoué. Pour d'autres, leur esprit est tellement embrouillé par les substances chimiques qu'ils ne réalisent pas qu'en se donnant la mort, ils ne seront plus là pour voir leurs parents et leurs amis souffrir et constater l'attention soulevée par leur geste. Sans les substances chimiques qui distordent l'esprit et qui réduisent la capacité de communiquer, entre autres choses, ils auraient peut-être pu être aidés et réaliser leur valeur en tant qu'individus et leur capacité illimitée de changer, d'évoluer et de surmonter les problèmes.

L'information sur les drogues à l'école est-elle efficace?

Le fait d'être informé sur l'alcool et les drogues ne dissuade pas les adolescents d'en prendre. Plusieurs adolescents croient qu'on leur a enseigné les effets nocifs des drogues, spécialement l'alcool, à l'école primaire en utilisant la tactique de la peur. Ils croient que rien ne leur arrivera car rien n'est encore arrivé. Il n'y a aucun signe immédiat des effets à long terme. Par conséquent, ils se croient plus forts que les effets négatifs de la drogue.

Si l'étudiant est sous pression pour expérimenter, l'information ne changera pas son choix. Une éducatrice suggérait que pour avoir une éducation efficace, il faut inclure de l'information sur la façon de faire face à la pression. Elle affirmait que les étudiants ont besoin d'apprendre à dire non avec confiance. De plus, on devrait enseigner aux étudiants des stratégies pour faire face aux problèmes, des moyens de contrôler le stress, la communication et d'autres techniques pour contrer la pression de leur entourage.

Les parents sont-ils informés sur les drogues?

Plusieurs parents connaissent *certains* faits sur les drogues, mais bien peu sont très au courant de la réalité *actuelle* et comment elle influence l'adolescent. C'est seulement au cours des dernières années que l'usage de l'alcool et des drogues a atteint des proportions épidémiques à un âge de plus en plus jeune et que les effets sur les adolescents ont été étudiés en profondeur.

Des substances chimiques comme la cocaïne, qui était plutôt rare dans les années 1960, sont maintenant populaires auprès des adolescents. L'industrie des accessoires de drogues, inconnue il y a 15 ans, est en pleine expansion. Les drogues des années 1960, comme la marijuana, sont beaucoup plus disponibles, plus variées, plus puissantes et, par conséquent, plus dangereuses. Après des années de recherche, les spécialistes commencent à voir les preuves évidentes des effets à long terme de certaines drogues. Les parents *doivent* connaître ces drogues.

—— RENSEIGNEMENTS SUR L'ALCOOL ——

Statistiques

L'alcool est la substance chimique la plus utilisée chez les adolescents. Même si la loi interdit la vente d'alcool et sa consommation aux moins de 18 ans, les adolescents réussissent à en obtenir avec de fausses pièces d'identité, en demandant à des personnes d'âge légal d'en acheter pour eux ou par d'autres moyens qu'ils imaginent.

Selon un sondage effectué par Statistique Canada en 1985, 52 % des jeunes de 15 à 19 ans consommaient de l'alcool régulièrement, c'est-à-dire au moins une fois par mois. Dans ce groupe d'âge, la proportion d'hommes et de femmes est la même. Seulement 20 % des jeunes de 15 à 19 ans ont déclaré ne jamais boire, alors que 28 % se disaient buveurs occasionnels.

La consommation d'alcool peut varier d'une communauté à une autre et d'une école à une autre, mais il y a de fortes chances que les statistiques nationales reflètent la situation dans votre communauté.

L'alcool, une drogue

En réalité, l'alcool est une drogue — celle que l'on consomme le plus et celle dont on abuse le plus en Amérique! En plus d'être nuisible sur le plan social, de causer des maladies et des accidents, l'alcool provoque la dépendance et des dommages irréversibles aux cellules du cerveau. Il fait tellement partie de notre style de vie que plusieurs parents considèrent les expériences de leur adolescent inoffensives et sans danger. Leur réaction face à la consommation d'alcool chez les adolescents se résume ainsi: «Au moins, ce n'est pas de la drogue!»

L'alcool éthylique, l'ingrédient le plus actif dans le vin, la bière et les boissons distillées, est une substance naturelle formée par la réaction du sucre et de la levure fermentés. Il est incolore, inflammable et enivrant. À petites doses, il agit comme stimulant temporaire et (ou) il a un effet calmant, mais il est principalement un dépresseur pour le système nerveux central. En fait, en enlevant l'eau de l'alcool éthylique, on obtient de l'éther, un anesthésique général utilisé en chirurgie pour endormir le patient. Un excès d'alcool ou la combinaison d'alcool avec un autre agent dépresseur peut provoquer un arrêt respiratoire et une insuffisance cardiaque. Ces réactions négatives sont décrites plus en détail à la page 34.

TENEUR EN ALCOOL DES BOISSONS ALCOOLISÉES COURANTES	
Bière légère	4 %
Bière régulière	5 %
«Cooler»	5 %
Vin de table	12 %
Vin fortifié	20 %
Boisson distillée	40 %
Alcool	90 %

La quantité absolue d'alcool dans une bouteille de bière est tout aussi puissante que la quantité absolue d'alcool contenue dans une once de whisky. En fait, la quantité absolue d'alcool consommée sous forme de bière en Amérique est aussi importante que la quantité absolue d'alcool du vin et des boissons distillées combinés. Par conséquent, il ne faut pas considérer la consommation de bière ou de «coolers» comme un apprentissage bénéfique de la fonction sociale de l'alcool dans le «monde adulte». En tant que buveur, d'âge légal ou non, l'adolescent est un membre à part entière du «monde adulte» et est donc sujet à tous les risques inhérents.

Les effets de l'alcool sur le corps

Lorsque l'on consomme de l'alcool, ce dernier agit presque immédiatement sur le contrôle central du cerveau pour diminuer l'activité cérébrale. L'effet initial se produit dans les parties du cerveau qui affectent les comportements *appris* comme la maîtrise de soi. Au fur et à mesure que la quantité d'alcool dans le sang augmente, la vision s'affaiblit, la perception de la profondeur devient troublée et la mémoire, la coordination des muscles, l'équilibre et l'élocution deviennent défectueux. Un niveau encore plus élevé d'alcool dans le sang déprime plus profondément le cerveau, affectant considérablement le jugement. L'esprit devient incapable d'assimiler de l'information. Une activité complexe, comme conduire une automobile, peut être extrêmement dangereuse. Malheureusement, les gens qui sont ivres se *sentent* souvent tout à fait compétents.

À un certain niveau, si la consommation est continue et importante, l'alcool anesthésie les parties profondes du cerveau et peut causer le coma ou la mort en diminuant les fonctions cardiaques et respiratoires. Selon le personnel des salles d'urgence et certaines sources étudiantes, le coma et le quasi-décès de jeunes de 12 à 18 ans dus à l'alcool ne sont pas des incidents rares.

L'alcool agit-il rapidement?

La mesure généralement acceptée pour mesurer le degré d'ivresse est la concentration d'alcool dans le sang. La rapidité avec laquelle l'alcool est introduit dans le flot sanguin, augmentant ainsi la concentration d'alcool et affectant le cerveau et d'autres parties du corps, dépend de plusieurs facteurs: l'âge de la personne, la tolérance à l'alcool, la vitesse de consommation, la nourriture dans l'estomac, la dilution de l'alcool, le poids, les médicaments, la santé générale et l'état psychologique.

Les méthodes pour mesurer la concentration d'alcool dans le sang sont l'analyse sanguine, l'analyse de l'urine, l'alcootest ou des tests de coordination moins précis.

Vous trouverez un tableau des concentrations d'alcool dans le sang dans la section sur la conduite avec facultés affaiblies. Consultez-le et montrez à votre adolescent combien il est facile d'être sous l'influence de l'alcool.

RELATION CONCENTRATION — EFFETS	
0,02 %	Enthousiasme, affaiblissement possible
0,08 %	Facultés affaiblies selon la loi
0,10 %	Considéré ivre
0,15 %	Les effets sont évidents
0,30 %	Stupeur
0,40 %	Inconscience, coma possible, au seuil de la mort

Renseignez votre adolescent sur les causes et les effets. Pour plus de renseignements, consultez votre médecin de famille ou un centre de lutte contre l'alcoolisme.

Les problèmes de santé reliés à l'abus d'alcool

La maladie la plus connue attribuée à l'alcool est bien sûr l'alcoolisme. Il est prouvé que les jeunes gens qui boivent en bas âge sont plus susceptibles de développer des problèmes d'alcoolisme. Les origines de l'alcoolisme et d'autres formes de dépendance ne sont pas entièrement connues, mais les chercheurs, incluant des neurologues et des généticiens, étudient plusieurs théories. On est encore à débattre jusqu'à quel point la prédisposition est physique plutôt que psychologique. Cependant, plusieurs experts s'entendent pour dire que le développement de l'alcoolisme implique un effet combiné des facteurs biologiques et environnementaux.

Une théorie physiologique, étudiée et acceptée par certains experts, explique le phénomène de façon très logique et pourrait aider votre adolescent à mieux comprendre les mécanismes biologiques de l'alcoolisme. L'alcool, lorsqu'il est consommé par un *non-alcoolique*, est transformé par le foie en aldéhyde acétique, une substance toxique. Cette substance est ensuite décomposée en acide acétique, qui est éliminé du corps par les poumons, les reins et la transpiration.

Selon cette théorie, la transformation en aldéhyde acétique, chez l'*alcoolique*, se fait à un rythme deux fois plus lent, causant une accumulation d'aldéhyde acétique dans le foie, le muscle cardiaque et le cerveau. L'aldéhyde acétique agit avec la dopamine, un neurotransmetteur, dans le cerveau et forme le THIQ. Ce THIQ, que l'on retrouve seulement dans le cerveau des alcooliques, provoque un besoin pour plus d'alcool afin de contrer les effets douloureux de l'accumulation d'aldéhyde acétique.

La cirrhose du foie, les dommages chroniques au cerveau, les maladies cardiaques, le syndrome d'alcoolisme foetal et certains types de cancer sont tous des maladies généralement reliées à l'alcool. Une gastrite aiguë et la dilatation des vaisseaux sanguins de la peau peuvent aussi se produire. En plus des accidents d'automobile, d'autres types de morts sont attribués à l'alcool, comme l'*overdose*, le suicide, l'incendie, la mort violente (agression, blessure, etc.) et la mort par hypothermie — surtout chez les adolescents.

— RENSEIGNEMENTS SUR LA NICOTINE —

La nicotine

La nicotine est l'ingrédient actif dans le tabac. C'est un alcaloïde toxique extrait du tabac sous forme de liquide huileux et âcre qui est utilisé comme insecticide. Pris dans sa forme la plus pure, elle est presque instantanément fatale. Absorbée par le tabac (fumé, chiqué ou prisé), elle augmente la tension artérielle et affecte négativement le coeur et le système nerveux.

La cigarette

Selon Statistique Canada, la cigarette est la drogue la plus utilisée au pays. Environ le tiers de la population est dépendante de la nicotine. En 1985, 22,5 % des jeunes de 15 à 19 ans consommaient des cigarettes quotidiennement. Au cours des 20 dernières années, la cigarette a été associée au cancer et aux maladies pulmonaires.

Le tabac est souvent la première substance potentiellement dangereuse que les enfants essaient. À cause de la pression du groupe, plusieurs enfants essaient le tabac, habituellement en le fumant. En l'absence de réactions négatives, l'adolescent passe à d'autres substances. Même si le tabac n'est pas une substance psychoactive, plusieurs experts croient qu'un bon pourcentage des adolescents qui utilisent régulièrement le tabac prendront d'autres drogues.

La cigarette à base de clou de girofle

Les cigarettes indonésiennes à base de clou de girofle, aussi appelées *kreteks*, sont vendues sous des noms exotiques comme Kuta, Djarum et Krakatoa. Jusqu'à tout récemment, plusieurs fumeurs de kreteks croyaient, à tort, qu'elles ne contenaient pas de tabac et qu'elles étaient une solution de rechange sécuritaire à la cigarette.

Selon l'Association pulmonaire américaine, les cigarettes de clou de girofle contiennent de 60 à 70 % de tabac et de 30 à 40 % de clou moulu, d'huile de clou de girofle et d'autres additifs. Brûlées, elles produisent plus de goudron, de nicotine et de monoxyde de carbone que les cigarettes de tabac de force moyenne. Par conséquent, les cigarettes de clou de girofle sont aussi, sinon plus, dangereuses pour les poumons que les cigarettes de tabac.

Plusieurs cas de souffle court, de crachement de sang et d'infections pulmonaires sont associés à ces produits. On croit que l'inhalation de certains additifs ou toxines dans la fumée des cigarettes indonésiennes peut produire des dommages sérieux ou fatals aux poumons lorsqu'une autre infection, comme la grippe, est aussi présente. Au moins deux personnes en sont mortes, même si la relation de cause à effet n'a pas été clairement établie.

En plus de causer des réactions allergiques chez certaines personnes, l'eugénol, l'ingrédient actif dans le clou, peut affecter la tension artérielle, les hormones et les muscles. Le docteur Tee Guidotti croit que l'eugénol est non seulement toxique mais qu'il paralyse les cellules qui combattent les infections. Il n'y a pas de recherche concluante à ce sujet. Cependant, certains États américains interdisent la vente des cigarettes de clou de girofle et d'autres pensent à en régulariser la vente et l'usage.

Le tabac à chiquer

Les Américains ont vendu aux adolescents l'idée de priser et de chiquer du tabac comme une alternative simple et sécuritaire à la cigarette. Cependant, certains chercheurs réalisent que les conséquences de chiquer du tabac sont beaucoup plus sérieuses qu'avec la cigarette. Depuis 1974, les ventes de tabac à chiquer aux États-Unis ont augmenté de 11 % par année, principalement parce que les jeunes trouvent ça de plus en plus à la mode. Le cercle usé sur la poche arrière de jeans, où l'on range la petite boîte, est devenu un signe de gloire pour les jeunes.

L'usage régulier d'une pincée de tabac dans la joue ou sous la lèvre inférieure, après quelques mois, irrite les membranes muqueuses sensibles de la joue et de la lèvre inférieure et crée un genre de durillon de cellules blanches appelé leucoplasie. L'usage continu de tabac à chiquer est responsable du développement insidieux d'environ 6 % de ces lésions leucoplasiques en cancer buccal. Le *National Cancer Institute* a observé une augmentation de 400 % des cancers buccaux chez les gens qui chiquent et qui prisent du tabac aux États-Unis. Le risque de cancer des joues et des gencives est cinquante fois plus grand chez les chiqueurs de longue date.

Les dentistes constatent d'autres problèmes causés par le tabac à chiquer. Les adolescents ont des gencives détachées de leurs dents et les membranes qui relient la lèvre ou la joue aux gencives sont pratiquement rongées. Plusieurs des priseurs et des chiqueurs actuels peuvent s'attendre à de graves problèmes dans une dizaine d'années.

— RENSEIGNEMENTS SUR LA MARIJUANA —

Statistiques

L'alcool est peut-être la substance la plus utilisée par les adolescents, mais la marijuana n'est pas très loin derrière. Dans un sondage effectué auprès d'étudiants du secondaire, près de 19 % ont avoué prendre de la marijuana plus d'une fois par semaine. Environ 60 % disaient en consommer à l'occasion.

La marijuana, une drogue

La marijuana (aussi appelée *mari*, *pot*, *herbe* et plusieurs autres noms) est le nom donné à la drogue provenant des feuilles, des petites tiges et des pointes fleuries d'une plante appelée *Cannabis sativa*. La plante pousse à l'état sauvage et elle est facile à cultiver partout dans le monde. La puissance de la plante varie selon le sol et les conditions climatiques. Le haschich, une forme plus puissante de marijuana, provient de la résine des feuilles. La force de la marijuana fumée aujourd'hui en Amérique est 300 fois plus élevée qu'il y a plusieurs années. La marijuana vendue dans la rue est souvent plus forte que le haschich. Généralement, la marijuana est fumée à la pipe ou en cigarette roulée à la main appelée *joint*. On peut aussi l'ajouter à la nourriture.

Le niveau de THC, le principal ingrédient psychoactif de la marijuana, détermine sa force. Des études indiquent que le THC, qui est soluble dans le gras plutôt que dans l'eau, est rapidement éliminé du sang, mais il est emmagasiné dans les tissus graisseux du cerveau et des organes de reproduction. Les produits dérivés du THC sont éliminés lentement. Selon la fréquence de l'usage et la quantité, le THC peut être détecté dans le corps aussi longtemps que 28 jours après la consommation.

Les effets de la marijuana sur le corps

L'effet de la marijuana se fait sentir plutôt rapidement. Il semble que le consommateur ait des hallucinations agréables, combinées à un sentiment de détachement de la réalité. Après l'euphorie initiale, des sensations négatives peuvent surgir, comme la dépression, la paranoïa, des craintes et angoisses anormales. La marijuana produit des troubles temporaires dans l'activité électrique du cerveau et perturbe le flot normal de messages chimiques qui transmettent et traitent la pensée. Cela affecte la mémoire à court terme, fausse la notion du temps et réduit la capacité d'effectuer des tâches demandant de la concentration, des réactions rapides et de la coordination. Physiquement, le rythme cardiaque et le pouls augmentent. Les niveaux de sang de l'hormone hypophysaire sont plus faibles de même que d'autres hormones qui régissent le développement sexuel.

Qu'est-ce qu'un *burnout* de marijuana?

Le *burnout* est un terme utilisé par les fumeurs de marijuana pour décrire l'effet d'une utilisation prolongée et importante. L'adolescent qui est *burned-out*, souvent caractérisé par un air absent de zombie, fonctionne mal, est pratiquement toujours *gelé*, semble bouger lentement, être inattentif et déprimé. Les causes spécifiques du *burnout* sont encore inconnues, mais on étudie une combinaison de facteurs, dont la possibilité de saturation des réserves de lipides et la destruction permanente de cellules.

Les problèmes de santé associés à l'usage de la marijuana

Jusqu'à tout récemment, on considérait qu'un usage modéré de marijuana n'était pas plus dommageable pour la santé qu'une consommation modérée d'alcool. Les résultats des études à long terme ne seront pas disponibles pour quelque temps encore, mais les études en cours indiquent qu'il existe des dangers réels et des questions sérieuses à éclaircir. Une des préoccupations principales est l'effet de la marijuana sur le cerveau et son interférence dans le fonctionnement psychologique. Le danger pour le système reproductif est une autre question importante.

Il y a un risque certain pour les poumons. Les études ont prouvé qu'un joint de marijuana par jour réduit certaines fonctions pulmonaires autant que de 7 à 20 cigarettes. La fumée de marijuana contient 50 % plus d'agents carcinogènes que la fumée de tabac. La plupart des scientifiques s'entendent pour dire que les cas de cancer du poumon provoqués par la marijuana surviendront plus souvent alors que la marijuana entre dans une deuxième décennie de popularité comme drogue récréative de masse.

Dans certaines circonstances, la marijuana combinée à l'alcool peut contribuer à une *overdose* d'alcool. Cette réaction défavorable est décrite à la page 50. Vous trouverez également dans les livres de l'annexe G beaucoup de renseignements qui n'entrent pas dans le cadre de ce livre. Souvenez-vous que les additifs (PCP, cocaïne, etc.) peuvent causer une plus grande réaction que le consommateur ne s'y attend.

— RENSEIGNEMENTS SUR LA COCAÏNE — ET LE CRACK

Statistiques

La cocaïne n'est plus une drogue de riches exclusivement; elle a rejoint pratiquement tous les endroits et toutes les couches sociales — Y COMPRIS LES ADOLESCENTS! La grande disponibilité de la cocaïne et une baisse récente du prix en font un problème potentiel pour les adolescents.

La cocaïne en poudre se vend actuellement entre 80 $ et 120 $ le gramme. Le crack, ou la cocaïne-base, se vend entre 10 $ et 20 $ le cristal et il est habituellement vendu en bouteille de 2 ou 3 cristaux. La publicité entourant l'épidémie de crack aux États-Unis a réussi à faire peur aux gens et à ralentir considérablement la propagation de cette drogue au Canada.

Dans une enquête effectuée auprès d'étudiants du secondaire de la Commission des écoles catholiques de Montréal, 3,8 % affirmaient consommer de la cocaïne. Dès l'âge de 14 ans, 13 % des étudiants avaient été initiés à une drogue forte telle que la cocaïne, l'acide ou la mescaline. Une comparaison avec une étude de 1976 a permis de constater une diminution dans la consommation de drogues, sauf dans le cas de la cocaïne qui a connu une légère hausse.

Lors de l'enquête Santé Québec 1987 effectuée par le ministère de la Santé et des Services sociaux, près de 4 % des Québécois de tout âge avaient consommé de la cocaïne au moins 5 fois dans leur vie. Il n'y a pas encore de statistiques disponibles sur l'usage du crack. Celles-ci permettront de voir si l'épidémie de crack a été freinée au Canada.

La cocaïne, une drogue

La cocaïne (aussi connue sous les noms de coco, coke, neige) est un alcaloïde chimique extrait des feuilles de coca, une plante cultivée en Amérique du Sud. L'extrait est raffiné en poudre blanche cristalline soluble dans l'eau, qui est habituellement coupée avec du sucre ou d'autres drogues moins coûteuses, dont certaines peuvent provoquer des effets secondaires néfastes. Cependant, la cocaïne est disponible sous plusieurs formes et plusieurs niveaux de pureté. La cocaïne se prend habituellement en prisant (*sniffant*) une *ligne* (de 25 à 30 milligrammes) par les narines. L'injection est la deuxième méthode la plus populaire. Les cristaux de cocaïne sont pulvérisés et ensuite prisés. Fumer de la cocaïne en utilisant des moyens sophistiqués (cocaïne-base) est une forme d'absorption moins populaire, très dispendieuse et très dangereuse. Le crack, une sorte de cocaïne-base qui est de plus en plus populaire, se fume à la pipe ou les cristaux sont écrasés et mélangés à la marijuana ou au tabac. Certains consommateurs ingèrent la cocaïne. D'autres l'appliquent sur les gencives ou d'autres membranes muqueuses.

Les effets de la cocaïne

Une petite quantité de cocaïne (de 1 à 3 milligrammes), absorbée dans le flot sanguin, produit des effets stimulants profonds sur le cerveau en libérant une substance chimique, la noradrénaline, des terminaisons nerveuses. Initialement, elle produit une sensation d'énergie accrue, de joie et de vigueur pour environ 20 minutes, associée à une augmentation du rythme cardiaque et respiratoire et à une tension artérielle élevée. Cette sensation de surpuissance est normalement suivie d'une période de dépression de 30 à 60 minutes et d'un besoin de plus de cocaïne et d'autres drogues. L'usage régulier de la cocaïne développe non seulement une tolérance rapide, mais la cocaïne crée aussi une forte dépendance.

Les problèmes de santé associés à la cocaïne

Le prisage fréquent de cocaïne peut irriter les narines, la gorge et les sinus, causant des douleurs et tuant les tissus des membranes qui garnissent l'intérieur du nez. Les priseurs chroniques souffrent souvent d'une perforation de la cloison nasale. Un usage important de cocaïne peut laisser paraître des signes physiques tels que sueurs froides, pâleurs, tremblements, alourdissement des membres, comportement agressif, insomnie et perte de poids. Psychologiquement, le consommateur souffrira d'anxiété, de dépression, de confusion, d'hallucinations et de psychose paranoïaque. Fumer la cocaïne augmente les possibilités de réactions émotives graves. Les évidences indiquent qu'un abus chronique peut aussi causer des dommages aux cordes vocales, un affaiblissement de la vue, la malnutrition, des troubles sexuels et une variété de problèmes dentaires.

Mort soudaine causée par l'usage de la cocaïne

En juin 1986, le monde du sport était frappé par une nouvelle tragique: deux jeunes athlètes américains, Len Bias, un joueur de basketball de l'Université du Maryland, et Don Rogers, défense

arrière des Browns de Cleveland, mouraient de causes
la cocaïne. Cet incident tragique n'est qu'un exemple du
mortel de la cocaïne qui peut s'en prendre à n'importe qu
à des jeunes gens en grande forme. Avant cette tragédie, bien peu de gens, à part le personnel médical, savaient que la cocaïne peut être mortelle à la première dose — première dose qui est très attirante pour les adolescents en quête d'expériences.

Pourtant, les experts affirment que les infarctus mortels et les visites aux urgences des hôpitaux associés à la cocaïne ont plus que triplé depuis 1981. Cette augmentation atteint 300 % dans certaines villes. Assez curieusement, bien que le nombre de décès et de problèmes médicaux reliés à la cocaïne ait augmenté considérablement, les statistiques indiquent que l'usage de la cocaïne a très peu augmenté. Souvenez-vous que votre enfant est en danger tant que la drogue est disponible, peu dispendieuse et attrayante.

On a déjà mentionné que les tactiques de peur et l'information ne peuvent pas à elles seules dissuader les adolescents tentés d'expérimenter les drogues. Cependant, certaines situations peuvent attirer l'attention des jeunes et leur faire réaliser les conséquences tragiques que peuvent entraîner une seule dose de même que l'usage régulier. De quelle façon la cocaïne peut-elle causer la mort?

Le docteur Donald Ian McDonald, médecin et administrateur d'un organisme de prévention américain, était cité dans un article du *Denver Post* de juillet 1986 au sujet des quatre façons dont la cocaïne peut causer une mort soudaine:

- La stimulation soudaine du système nerveux central par la cocaïne peut provoquer des convulsions et un arrêt du système respiratoire.

- La drogue peut affecter les nerfs qui régularisent le rythme cardiaque, causant un rythme irrégulier appelé arythmie.

L'arythmie la plus grave, la fibrillation ventriculaire, peut causer un arrêt cardiaque et la mort presque instantanément.

- La cocaïne stimule le coeur, qui bat plus rapidement et nécessite plus d'oxygène, et en même temps rétrécit les vaisseaux sanguins qui amènent l'oxygène au coeur. Une section du muscle cardiaque peut manquer d'oxygène et être endommagée, un phénomène cliniquement connu sous le nom d'infarctus du myocarde et plus communément sous le nom de crise cardiaque.

- La stimulation du rythme cardiaque peut aussi augmenter rapidement la tension artérielle et cette augmentation rapide peut faire éclater un vaisseau sanguin faible dans le cerveau, qui résisterait à une tension artérielle normale. Le résultat est une hémorragie au cerveau ou un accident cérébro-vasculaire.

Selon le degré de compréhension de votre enfant, ces faits peuvent fournir une base de réflexion sur le danger mortel d'une dose de cocaïne. Le premier essai pourrait bien être le dernier.

Le crack

Dans un livre comme celui-ci, le crack, un dérivé de la cocaïne, fait l'objet d'une section spéciale à cause de sa popularité alarmante chez les adolescents. Le terme crack fait référence au bruit que la substance produit lorsqu'elle est chauffée. Importé originellement des Bahamas, le crack fut d'abord disponible dans les grandes villes américaines. Il a fait son apparition au Canada il y a quelques années. Aux États-Unis, le problème du crack semble se répandre à un rythme exponentiel. Certaines strates de la société, qui n'utilisaient pas la cocaïne auparavant, utilisent maintenant cette nouvelle forme puissante et relativement peu dispendieuse. La jeune génération est donc sérieusement menacée par une épidémie de crack extrêmement contagieuse.

Le crack est de l'hydrochlorure de cocaïne, obtenu en mélangeant de la cocaïne, du soda et de l'eau. Le produit qui en résulte est une pâte de cocaïne-base dans laquelle la cocaïne-base (alcaloïde) a été libérée des ions d'hydrochlorure (sels). Une fois la substance durcie sous une forme fumable, elle est brisée en petits morceaux ou pressée professionnellement en comprimé d'une dose pesant approximativement 125 milligrammes. Certains vendeurs plus sophistiqués identifient leur produit avec des marques: «White Cloud», «Super», «Conan» et «Cloud Nine».

Physiquement, le crack se présente en cristaux ou en morceaux brun pâle de la grosseur d'un pois et il est généralement vendu dans une petite bouteille qui contient plusieurs de ces comprimés ou morceaux. Les acheteurs et les vendeurs peuvent donc le transporter facilement à l'école. Un seul cristal se vend habituellement entre 10 $ et 20 $. Inexplicablement, le crack est parfois moins cher que la cocaïne nécessaire pour le produire. L'effet produit par la fumée de cette forme de cocaïne est de cinq à dix fois plus fort que la cocaïne en poudre prisée. Selon certains rapports, le crack est aussi puissant que la cocaïne-base sans être aussi cher, mais aussi dangereux.

Le crack est donc une drogue peu dispendieuse, facile à obtenir, qui provoque beaucoup d'effets. Il n'y a rien de plus attirant pour un adolescent en quête d'émotions fortes. L'effet du crack est instantané et très intense, mais il est de très courte durée (de 3 à 5 minutes) et est suivi par une profonde dépression. Selon certains rapports, cette dépression est parfois adoucie avec de la bière ou un autre alcool plus fort. Après une première expérience, la majorité ne peuvent pas résister au désir d'en prendre à nouveau. Malheureusement, la popularité sans précédent du crack chez les adolescents est peut-être due aussi à la dépendance qui peut se développer après seulement quelques fois, même s'il faut habituellement plusieurs semaines. L'usage répété est ici un signe de besoin plutôt que de popularité.

Le crack est-il plus dangereux que les autres formes de cocaïne? Absolument! Le docteur Arnold M. Washton, directeur de la recherche pour le service téléphonique 800-COCAÏNE aux États-Unis, affirmait: «Le crack amplifie tous les problèmes reliés à la cocaïne que nous connaissons à ce jour. L'inhalation de cocaïne pure permet à la substance d'entrer dans le flot sanguin plus rapidement (en 10 secondes) que le prisage de la poudre et cela en plus grande concentration. C'est cette action plus rapide et plus puissante qui rend le crack plus toxique, plus nuisible physiquement et l'utilisateur plus sujet à la dépendance. Les dommages aux poumons, les accidents cérébro-vasculaires et les crises cardiaques sont beaucoup plus fréquents avec le crack.»

Le Dr Washton s'entend avec d'autres experts médicaux et représentants de la loi pour dire que le crack est plus qu'un simple dérivé de la cocaïne à priser. Il explique: «L'effet décrit par les consommateurs n'est même pas comparable. L'euphorie et l'excitation sont inégalées. Les professionnels et les parents doivent être informés... C'est tout comme si on parlait d'une drogue différente.»

Partout où le crack fait son apparition, les délits mineurs augmentent de façon alarmante. Plusieurs consommateurs dépendants, incluant les adolescents, ont recours au vol, à la prostitution et à la vente de drogue pour satisfaire leurs besoins. La paranoïa et l'agitation causées par le crack entraînent souvent des crimes violents, dont certains sont commis par des adolescents. Plusieurs représentants de la loi croient que l'épidémie de crack entraîne une seconde épidémie, celle de l'anarchie urbaine.

Le crack est encore peu répandu au Canada. Disponible depuis quelques années à Toronto, on en retrouve à Montréal depuis moins de deux ans. Mais le nombre de consommateurs augmente rapidement. On en voit de plus en plus dans les salles d'urgence et les centres de traitement. Assurez-vous que votre adolescent connaît bien les dangers reliés à cette drogue. La prévention est primordiale.

RENSEIGNEMENTS SUR LES DROGUES ANALOGUES

«Ecstasy» et «China White» ne sont pas des noms de parfums dispendieux, mais bien les noms de deux des centaines de drogues analogues qui sont disponibles aux États-Unis et au Canada. Les drogues analogues ne sont pas considérées comme des drogues d'introduction. Cependant, plusieurs experts croient que les drogues analogues seront au centre de la prochaine épidémie, tout comme le crack en ce moment. Comme ce dernier, elles sont très dangereuses et créent une dépendance. Une superdose est de la grosseur d'une tête d'épingle, ce qui explique pourquoi les tests les dépistent rarement dans les liquides corporels. Elles sont très attirantes pour les adolescents à cause de leur bas prix, de leur puissance fantastique et de leur disponibilité illimitée.

Le phénomène des drogues analogues dans les années quatre-vingts représentait une industrie évaluée à un milliard de dollars aux États-Unis. Ces drogues sont surtout disponibles dans les grandes villes.

Mais que sont les drogues analogues? Les drogues analogues regroupent une grande variété de substances chimiques insidieuses qui se situent à la limite de la légalité et de l'illégalité dans la classification des drogues. Certaines sont désignées comme «substances contrôlées» et sont régies par la *Loi sur les aliments et les drogues*. Par exemple, une drogue ou une substance peut être légale pour des fins médicales et illégale pour d'autres fins. Une autre substance peut être illégale pour un usage autre que la recherche. Ces substances contrôlées sont définies dans la loi par leur structure moléculaire exacte. Contourner ces procédures d'identification est au coeur de l'industrie des drogues analogues.

En altérant légèrement la structure chimique d'une drogue illégale existante, un chimiste clandestin peut créer une variante de la drogue qui n'est pas illégale. La drogue analogue peut être fabriquée, vendue et utilisée légalement jusqu'à ce que les scientifiques soient en mesure de déchiffrer sa structure chimique et de l'intégrer à la loi. À ce moment, le chimiste retourne à sa table de travail pour créer une nouvelle variante légale. Un tableau des substances contrôlées, de leurs usages et de leurs effets est reproduit à l'annexe A.

Un simple laboratoire peut produire une quantité phénoménale de drogue et envahir le marché avant que le système légal n'ait le temps d'agir. Un chimiste clandestin peut fabriquer pour deux millions de dollars d'héroïne synthétique avec un équipement de laboratoire courant et 500 dollars de produits chimiques. Toute l'opération peut s'effectuer dans un laboratoire de la grandeur d'une salle de bains.

Même si la plupart de ces drogues sont des variantes de l'héroïne et de la cocaïne, l'industrie des drogues analogues n'est pas limitée uniquement à ces substances. Il existe des modèles chimiques pour de nombreuses drogues légales et illégales, de la cocaïne et l'héroïne à la marijuana, en passant par le LSD et les Quaaludes. Les experts ne s'entendent pas à savoir si les effets sont exactement les mêmes que ceux de la drogue mère. Il importe non seulement de savoir quels sont les effets mais aussi d'en connaître la puissance et les conséquences fatales.

Les premières drogues analogues, le STP, le MDA et d'autres drogues similaires au LSD, sont apparues aux États-Unis à la fin des années soixante. Dans les années soixante-dix, les drogues analogues au PCP étaient très répandues. Cependant, la vraie crise éclata dans les années quatre-vingts avec la création d'héroïne synthétique extrêmement puissante. Les drogues analogues à l'héroïne sont regroupées en deux catégories: les analogues de fentanyl (un anesthésique connu sous le nom de Sublimaze) et les analogues de mépéridine (Demerol).

✓ Les drogues analogues à base de fentanyl, vendues originellement sous le nom de «China White», sont considérées comme étant de 1 000 à 2 000 fois plus puissantes que l'héroïne. Certains rapports indiquent que les drogues à base de fentanyl sont associées à plusieurs décès récents.

✓ Les drogues analogues à base de mépéridine (MPPP) sont moins dangereuses pour la vie mais elles peuvent provoquer des problèmes de santé graves ainsi que la paralysie. À moins d'être préparée dans des conditions minutieusement contrôlées, la synthèse du MPPP peut créer un dérivé appelé MPTP. Cette substance neurotoxique entraîne un état dont les symptômes sont similaires à la maladie de Parkinson: tremblements, rigidité musculaire, mouvements et élocution lents, etc.

«Ecstasy», ou MDMA, est une drogue analogue au MDA, un hallucinogène des années soixante et aussi au méthamphétamine, un stimulant. Ces drogues analogues sont des stimulants synthétiques similaires à la cocaïne et sont facilement accessibles aux jeunes. Certaines personnes ayant pris plusieurs doses d'Ecstasy ont rapporté avoir souffert de crises d'anxiété, de paranoïa, de crainte, de dépression et d'insomnie. Des recherches récentes ont démontré qu'Ecstasy peut détruire des terminaisons nerveuses dans le cerveau. On l'appelle le «LSD des années 1980».

Il existe des centaines de drogues analogues, beaucoup trop pour en parler en détail. Pourquoi sont-elles considérées plus dangereuses que leur drogue mère, des narcotiques botaniques? Généralement, le danger est plus grand à cause de leur puissance anormalement élevée. De plus, elles présentent des effets dangereux, bizarres et imprévisibles. Lorsqu'un adolescent ou quiconque consomme une drogue analogue, il devient un cobaye humain, avec les mêmes risques que pour un animal de laboratoire. Tout comme pour le crack, la prévention est primordiale.

— RÉACTIONS NÉGATIVES AU MÉLANGE — D'ALCOOL ET D'AUTRES DROGUES

On doit informer les adolescents sur les dangers de mélanger l'alcool avec la marijuana, ainsi qu'avec des drogues prescrites et non prescrites. L'alcool et certaines drogues agissent sur la même partie du cerveau. Le mélange peut intensifier la réaction de l'alcool et de la drogue (ou des drogues), multipliant ainsi les effets toxiques et dans certains cas, causant la mort (incluant les accidents d'automobile).

Amphétamines/cocaïne/préludine/caféine. — Ces drogues contrent l'effet sédatif de l'alcool mais n'améliorent pas la baisse des fonctions motrices causée par l'alcool.

Antibiotiques/agents anti-infectieux (Flagyl, Chloromycetin, etc.). — Ce mélange peut causer des nausées, vomissements et migraines — possiblement des convulsions, particulièrement avec les médicaments pris pour combattre une infection des voies urinaires.

Antidépresseurs (Elavil, Triavil, etc.). — Le mélange de certains antidépresseurs et du vin rouge peut être fatal. D'autres mélanges peuvent provoquer une sédation excessive, un manque de coordination et des maux d'estomac.

Antihistaminiques (Coricidin, Contac, etc.). — Cette interaction peut provoquer une plus forte sédation. Elle peut affecter dangereusement les capacités d'exécuter certaines activités (conduite, marche, etc.), détériorer le jugement et réduire la vigilance.

Remèdes liquides pour le rhume et la toux. — Plusieurs contiennent de l'alcool et des amphétamines. On devrait éviter de conduire à cause de la somnolence possible.

Marijuana. — Ce mélange, très courant chez les adolescents, est plus dangereux *et* plus toxique que l'usage exclusif d'un des deux. Un joint et une bière produisent les mêmes effets toxiques que plusieurs bières. Des tests de conduite contrôlés ont démontré que le mélange rend la conduite extrêmement dangereuse, même si le taux d'alcool dans le sang demeure inférieur à la limite légale. Souvenez-vous que le THC peut demeurer dans le système pour plusieurs semaines.

Le THC dans la marijuana endort le réflexe nauséeux dans le cerveau et supprime ainsi la sensation de nausée qui peut accompagner l'ivresse. Cela permet de consommer une grande quantité d'alcool rapidement et peut entraîner un empoisonnement d'alcool et conduire à une mort soudaine.

Analgésiques (codéïne, Darvon, narcotiques, etc.). — Les analgésiques et l'alcool augmentent la dépression du système nerveux et multiplient l'effet sédatif, rendant la conduite très dangereuse. Un arrêt respiratoire et la mort peuvent se produire.

Sédatifs/tranquillisants/somnifères/barbituriques (Dalmane, Valium, etc.). — N'importe laquelle de ces drogues mélangée à l'alcool produit un effet sédatif accru qui affecte dangereusement la coordination, la concentration et le jugement. Le mélange peut être fatal.

Capsules à libération prolongée. — Souvent, l'alcool dissout les enveloppes des minicapsules. Ainsi, une dose de 8 à 12 heures peut être libérée d'un seul coup, causant des effets toxiques, augmentant la sédation, etc.

3. Le milieu social de l'adolescent

LES LIEUX DE RENCONTRE ET LES ACTIVITÉS SOCIALES

Comme nous l'avons vu dans la section précédente, les adolescents sont très attachés à leurs pairs. Ils veulent se mêler à la foule, sans l'intervention des adultes, autant qu'il est humainement possible. Lorsque les enfants ne sont pas supervisés et qu'ils n'ont pas d'autre but que d'être ensemble et de socialiser, on dit qu'ils «se tiennent en gang». Il ne s'agit pas d'un phénomène nouveau. Les parents d'aujourd'hui se sont eux aussi «tenus en gang» alors qu'ils étaient adolescents, pour les mêmes raisons que leurs enfants. Ce qui a beaucoup changé, ce sont le où et le comment.

Les adolescents d'aujourd'hui vivent dans un monde de centres commerciaux, de dépanneurs et de chaînes de restaurants. Nos chers lieux de rencontre (restaurant du coin, comptoir de bonbons) ont disparu dans la structure corporative. «Faire la Main» toute la soirée n'est plus de mise; l'essence coûte trop cher. Il y a peu de centres commerciaux, autres que les clubs pour adolescents et les centres sportifs, où les adolescents sont invités ou même tolérés pour *toute une soirée*. Un film à 7 $ ne dure qu'une heure et demie ou deux... et après, que se passe-t-il? Où vont les adolescents de nos jours pour «se tenir en gang»?

Dans chaque quartier, les jeunes ont leurs habitudes et leurs politiques sociales. Cependant, pour plusieurs, les drogues — y compris l'alcool — sont souvent un facteur déterminant dans leur choix. Regardons les choix qui s'offrent à l'adolescent. Centres commerciaux, cinémas, *arcades*, parcs d'amusement, etc.

Les jeunes vont au centre commercial et dans d'autres endroits pour avoir du plaisir. Dans ces endroits publics, ils sont libres de rencontrer leurs amis, de magasiner, d'avoir du plaisir, de voir d'autres jeunes, de rencontrer des étudiants d'écoles différentes, etc. C'est un passe-temps très bon marché.

Cependant, il y a certains jeunes qui ont d'autres motivations. Ils boivent dans l'auto, fument de la marijuana à l'extérieur (surtout lorsqu'il fait noir). Une fois à l'intérieur du centre, ils font les choses suivantes:

✔ Ils sont bruyants, causent des bagarres, harcèlent les clients et s'en prennent à n'importe qui.

✔ Ils remisent la drogue dans les casiers près des toilettes, concluent un marché dans le centre et donnent la clé du casier à l'acheteur.

✔ Ils échangent des drogues et de l'argent dans les toilettes.

✔ Ils volent dans les magasins, souvent pour relever un défi.

Assurez-vous que votre adolescent est au courant de ces pièges afin qu'il n'en soit pas victime.

Dépanneurs et stationnements

Dans bien des communautés étudiantes, il y a un dépanneur, bien situé et avec un stationnement suffisamment grand, qui est désigné comme lieu de rencontre par les adolescents recherchant de l'action. Dans les endroits où un tel dépanneur n'existe pas, il y a habituellement un autre commerce facile d'accès, avec un stationnement pas trop éclairé — épicerie, restaurant, magasin de bicyclettes, par exemple, — qui remplit les mêmes fonctions. Cependant, le dépanneur est plus courant et il offre plus de possibilités.

C'est le lieu de rencontre officiel et le lieu d'information. Les adolescents s'y rendent pour savoir qui fait quoi, les possibilités de party ou simplement pour rencontrer quelqu'un pour la soirée. S'il n'y a pas de party ou une autre activité intéressante, le dépanneur peut bien être désigné comme le lieu de party *et* comme activité. Jusqu'ici, cette description ressemble à celle des «drive-in» d'autrefois.

Cependant, peu de commerces de nos jours ont pour raison d'être le lieu de rencontre des jeunes. Une bande d'adolescents qui n'ont rien de mieux à faire que de rôder autour du dépanneur et qui s'amusent peuvent, sans le vouloir, nuire aux clients et aux employés. Une petite minorité d'adolescents peuvent s'aventurer dans le vol à l'étalage, le vandalisme, les bagarres et les attaques. La police doit souvent intervenir à plusieurs reprises au cours de la même soirée. Régulièrement, des adolescents sont arrêtés pour possession illégale, achat pour un mineur ou une offense criminelle. Souvent, ces arrestations sont dues aux adolescents qui boivent sans avoir l'âge et à la flânerie dans le stationnement.

Plusieurs clients de dépanneurs d'âge légal, et pas nécessairement les plus jeunes, acceptent d'acheter de la bière pour des mineurs (certains aussi jeunes que 12 ans). La même chose se produit à l'extérieur des Sociétés des alcools. Les préposés et les gérants exigent des pièces d'identité et surveillent les achats suspects, mais ils peuvent difficilement avoir le contrôle sur la destination finale de chaque bouteille de bière vendue dans une soirée.

Les plus jeunes qui n'ont pas encore de moyen de transport se rendent aussi au dépanneur pour observer, avoir un «lift» d'un plus vieux, se procurer de la bière par des étrangers et parfois pour se placer dans une situation problématique. Ainsi, lorsqu'ils atteignent l'âge de *cruiser*, ils sont des habitués des activités de *gangs de dépanneurs*.

Chaînes de restaurants, centres sportifs, clubs pour adolescents

La plupart des adolescents ne considèrent pas les restaurants comme des lieux de rencontre, puisqu'il faut partir aussitôt qu'on a terminé son repas. D'ailleurs, ces établissements ne sont pas particulièrement hospitaliers aux gros groupes d'adolescents, ce qui est compréhensible. La direction croit que l'exubérance habituelle des adolescents fera fuir des clients adultes plus riches. La peur des dommages, par vengeance ou non, parfois rapportés dans ces endroits, est aussi un motif. Les établissements qui offrent en plus des activités, comme les jeux vidéo, tolèrent un petit nombre d'adolescents disciplinés qui sont là pour une raison spécifique.

Le gérant d'un centre de quilles situé près d'une école secondaire affirme que, même s'il y a une ligue de quilles junior, il n'encourage pas les adolescents à se tenir au centre à moins qu'ils soient accompagnés par un parent, à cause des dangers potentiels de violence. Si les jeunes sont trop bruyants, ou s'ils sont trop nombreux dans les allées ou dans la salle de vidéo et de billard, la direction communique avec les parents ou la police. Même si le centre est situé près d'une école secondaire, les adolescents qui viennent flâner ne sont pas les bienvenus.

D'un autre côté, les clubs pour adolescents, qui se multiplient dans les villes, accueillent les jeunes de 14 à 18 ans à bras ouverts. Pour un prix d'entrée de 7,00 $ et le prix des boissons gazeuses, un jeune peut profiter d'une soirée de musique et de danse, de 19 h à 1 h. Ces clubs ont la même atmosphère qu'un club de nuit. On vérifie les adolescents à l'entrée pour l'alcool et les drogues, qui sont confisqués. Si un adolescent est en état d'ivresse, on lui donne le choix d'appeler ses parents ou la police. Des agents de sécurité et parfois un policier en uniforme s'assurent que tout reste dans l'ordre.

Les stationnements sont aussi surveillés pour la flânerie ou la consommation d'alcool dans les voitures. Il y a de nombreuses rumeurs circulant au sujet de ces stationnements. Les parents qui sont inquiets devraient communiquer avec leur service de police local. S'il existe un club pour adolescents dans votre coin, n'hésitez pas à appeler ou à le visiter. La plupart de ces clubs acceptent très bien les questions et les visites.

Parcs, endroits récréatifs et terrains officiellement baptisés

Lorsque la température le permet, les adolescents se rassemblent dans des sites où ils peuvent pratiquer des sports ou tout simplement flâner. Ces endroits sont souvent populaires pour les parties de bière, parfois associés à d'autres activités. Dans chaque quartier, les adolescents ont une place particulière où ils se tiennent.

Un autre endroit très populaire chez les adolescents, lorsque la police intervient trop souvent au dépanneur ou dans un autre stationnement, est le terrain isolé et désert. Certains de ces terrains ont été baptisés officiellement par les habitués qui y vont régulièrement pendant la belle saison. Ils sont décrits par les adolescents comme des endroits pour fuir la police et être avec des amis. C'est le même scénario qu'ailleurs: contact entre amis, un peu (ou parfois beaucoup) de bière et, lorsqu'un mauvais groupe s'en mêle, un tas de problèmes.

Terrains de jeux ou de construction, terrains vagues, etc.

Ces lieux de rencontre sont souvent fréquentés par des adolescents plus jeunes qui n'ont pas de moyen de transport. Cependant, il se peut que la police ait chassé les plus vieux de tous les endroits possibles et ceux-ci doivent se contenter des cours d'école, des toits, des terrains de jeux et autres endroits moins publics. Les adolescents d'âge moyen affirment que le but de ces rencontres n'est pas seulement d'être ensemble, mais aussi de boire et peut-être d'essayer du *pot.* Les contenants de bière vides et autres objets retrouvés sur le terrain après une fin de semaine mouvementée en sont la preuve.

La maison d'où les parents sont absents

Laisser un bambin ou un adolescent seul à la maison, c'est chercher le trouble. Le principal critère d'un endroit *cool* est le degré de liberté qu'il offre. Il n'y a donc rien de plus invitant pour les adolescents (ceux que vous connaissez et d'autres dont vous n'avez jamais entendu parler) qu'une maison sans parent où ils peuvent se rassembler. Ils ont la liberté totale pour faire ce qu'ils veulent, certains que leurs parents ne découvriront JAMAIS rien. Souvent, ils essaient, utilisent et abusent d'alcool ou d'autres drogues. Même si cela n'est pas prévu au départ, si quelqu'un apporte de l'alcool ou de la marijuana, le résultat est le même. Pour les plus vieux, l'absence des parents est synonyme d'un party où tout le monde apporte sa boisson.

Selon certains rapports, des petits parties à l'heure du dîner ou après l'école, où on consomme de l'alcool ou du *pot*, sont monnaie courante chez les étudiants dont les parents sont régulièrement absents pendant le jour — soit au travail ou en voyage d'affaires. Une fois avertis des possibilités que leur absence crée, les parents qui travaillent peuvent organiser une surveillance entre voisins pour contrer de tels parties. Les parents qui doivent s'absenter, même pour une seule nuit, devraient s'assurer que leur adolescent soit supervisé pendant leur absence.

Maisons et parties supervisés

La présence d'un surveillant ou d'un parent n'est pas une garantie que les adolescents qui ne sont pas en âge ne prendront pas d'alcool. Certains parents ignorent que de la bière ou de l'alcool est caché dans les buissons à l'arrière de la maison. D'autres achètent volontiers de l'alcool pour les rencontres d'adolescents. Certaines fêtes de 16e et de 18e anniversaire supervisées par des parents sont devenues hors de contrôle et ont eu des conséquences très graves, même fatales. Si vous voulez être certain qu'il n'y aura pas d'alcool servi ou apporté, il vaut mieux appeler et vous informer. Vous pouvez également demander aux parents s'ils sont conscients de la responsabilité légale qu'ils assument.

Parties de pyjama

Le party de pyjama est le marathon des activités d'adolescents. Plusieurs ressemblent à ceux de notre jeunesse. Personne ne s'attend à dormir. La différence réside en ce que les parents sont souvent absents pour la nuit ou la fin de semaine et la liste d'invités est généralement mixte et très flexible. Par exemple, le grand frère garde sa petite soeur pour une fin de semaine. Il invite ses amis pour un party de pyjama et elle invite ses amies. D'autres amis sont invités pour la soirée et apportent leur boisson et, comme ils sont tous ivres, ils restent tous à coucher.

Un autre genre de party de pyjama est le party fantôme. Tous les enfants disent à leurs parents qu'ils couchent chez quelqu'un, normalement quelqu'un que les parents ne connaissent pas bien ou pas du tout. De cette façon, ils sont libres de fêter toute la nuit et, finalement, ils échouent quelque part. S'ils venaient à disparaître, comme c'est le cas de beaucoup d'adolescents, personne ne le saurait pour un bon moment.

Parties d'hôtel et de motel

Ces parties sont généralement assez restreints, sur invitation seulement, sans supervision et suivent un événement spécial comme une graduation ou un bal de finissants. Une personne (ou plusieurs) loue la chambre et envoie les invitations. Il y a bien sûr les coureurs de parties qui se rendent à tous les parties en ville. Les gens apportent leur boisson ou les hôtes fournissent l'alcool, la nourriture ou autre chose. Le champagne et les boissons fortes sont habituellement préférés pour ces occasions. Mais rappelez-vous que rien ne peut arriver dans un hôtel qui ne puisse aussi arriver dans une maison privée d'où les parents sont absents pour la fin de semaine. Il faut être conscient de la grande liberté sociale qu'ont les adolescents, s'ils ont l'argent pour dépenser.

Ce que les jeunes pensent des sorties

Lorsqu'on les interroge sur les sorties, plusieurs adolescents s'entendent pour dire que cinq adultes sur six ont oublié plutôt facilement ce qu'ils étaient adolescents, leur besoin de socialiser, leurs problèmes sociaux, leurs activités sociales et leurs frasques plus ou moins acceptables. Ces adolescents croient que les adultes d'aujourd'hui ont trop tendance à classer tous les adolescents comme des voyous, des irresponsables, des faiseurs de troubles et pis encore. Ils avouent que ce genre d'adolescents existe, mais qu'ils représentent une minorité seulement.

Les adolescents interrogés ont également indiqué que beaucoup d'adultes (dont certains parents) font peu d'efforts pour comprendre les adolescents d'aujourd'hui, d'où ils viennent, où ils se dirigent et pourquoi. Ils ont tendance à ne pas les considérer comme des personnes mais plutôt comme des faiseurs de troubles. Ces mêmes adolescents croient que beaucoup de jeunes (avec raison ou non) voient les adultes comme des gens peu intéressés, peu accueillants, intolérants ou incapables de faire des compromis. C'est pourquoi beaucoup d'adolescents préfèrent faire leur propre affaire *sans* l'intervention d'un adulte. Un finissant du secondaire expliquait: «Mon père voudrait que j'aie les cheveux en brosse et que je fasse exactement les mêmes choses qu'il a faites il y a 30 ans. Il ne veut pas comprendre que la société d'aujourd'hui est très différente pour les adolescents (et pour tout le monde) de ce qu'elle était en 1957.»

LES PARTIES

Une fois que la rumeur d'un party commence à circuler, il n'y a plus aucun contrôle possible sur qui et combien de personnes s'y rendront. Plusieurs incidents, dont des blessures graves dues à des bagarres, des *overdoses* d'alcool, des accidents de la route dus à l'alcool, etc., sont reliés aux parties d'adolescents. Lorsque les parents absents rentrent à la maison, ils découvrent dans certains cas que des objets ont été volés et que leur propriété a été endommagée.

Quelques parents vont même jusqu'à acheter de l'alcool et superviser le party et, malgré leurs bonnes intentions, la situation devient parfois hors de contrôle. Dans la grande majorité de ces parties, les adolescents apportent leur boisson.

Pourquoi et comment?

Tous les parties ne se ressemblent pas. Certains sont relativement tranquilles, avec une vingtaine d'étudiants de l'école secondaire, sans bagarre, sans drogue et sans vandalisme. D'autres peuvent attirer beaucoup plus d'étudiants de plusieurs endroits, dont certains portent une arme ou ont de la drogue telle que de la cocaïne ou du crack à vendre. Le scénario qui suit est un exemple de party moyen qui pourrait être l'oeuvre d'un adolescent ordinaire, comme le vôtre.

L'organisation d'un party

- Quelques amis décident d'organiser un party.

- Les parents d'un d'entre eux sont absents pour la fin de semaine et ils utilisent la maison pour le party.

- Les trois jeunes, tous étudiants au secondaire, annoncent leur party en distribuant des invitations à l'école et aux dépanneurs. Le mot court et rejoint des étudiants d'une autre gang.

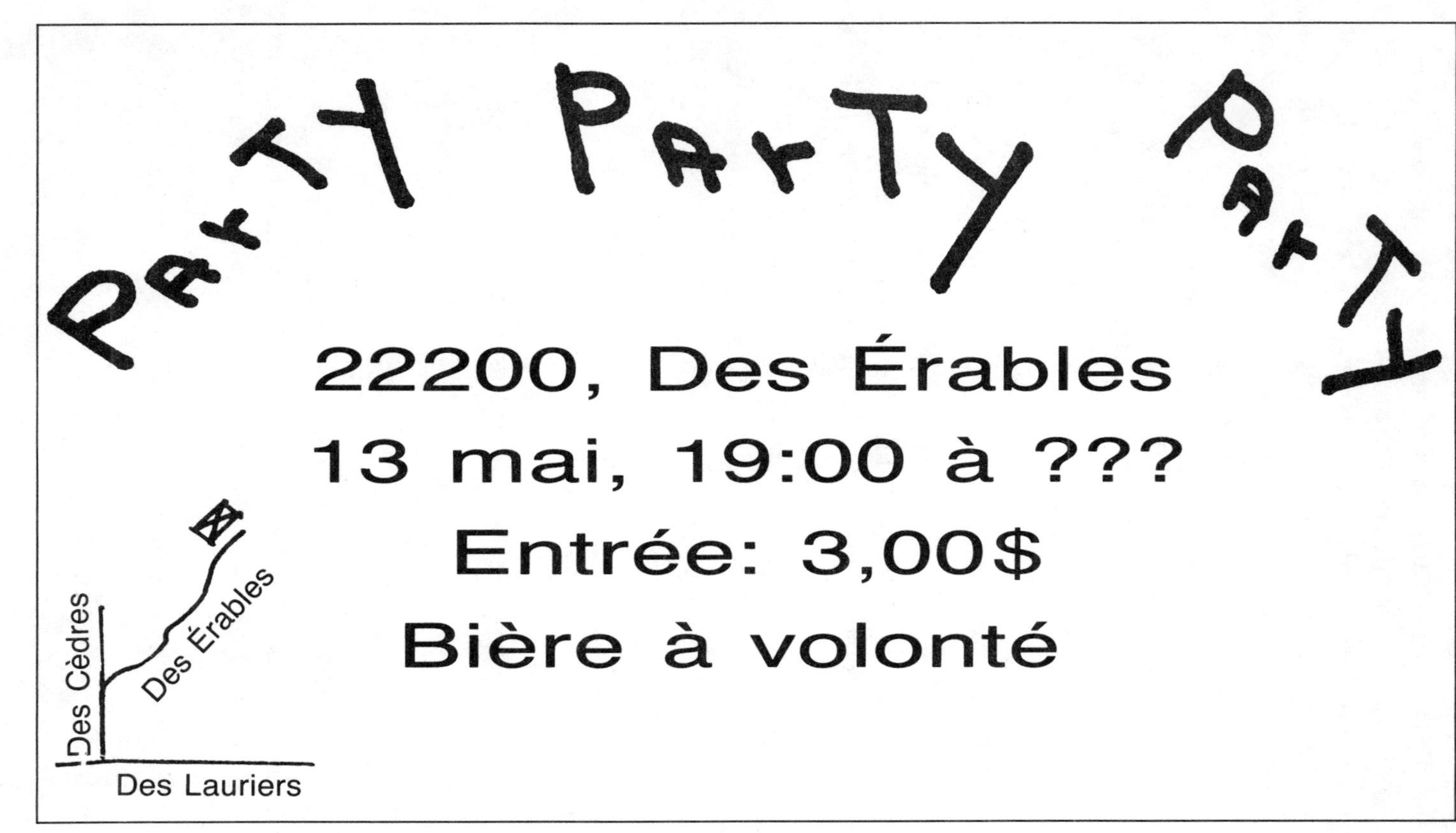

PaRTY PaRTY PaRTY
22200, Des Érables
13 mai, 19:00 à ???
Entrée: 3,00$
Bière à volonté
Des Érables
Des Cèdres
Des Lauriers

Le party

- Environ cinquante adolescents se rendent au party et se retrouvent dans la maison.

  Ils apportent leur propre boisson, qu'ils partagent avec les amis.

  Un étudiant apporte une grosse quantité de marijuana qu'il a l'intention de vendre.

- À minuit et demi, les étudiants d'une gang rivale arrivent et il y a de l'agitation.

  Une bagarre éclate entre deux garçons. Quelques étudiants essaient en vain de les séparer.

  Dans la panique générale, certains objets dans la résidence sont endommagés ou détruits. Les dommages sont estimés par la suite à 2 000 $.

- Les voisins appellent la police.

La situation à l'arrivée de la police

- Plusieurs adolescents sont à différents stades d'ébriété:

  — sur le trottoir en face de la maison;

  — dans la cour à l'arrière de la maison;

  — à l'intérieur de la maison.

- Les deux garçons qui se sont battus sont blessés.

- Plusieurs étudiants sont inconscients, apparemment à cause d'une surconsommation d'alcool.

- Il y a de l'alcool un peu partout et une odeur de marijuana.

- Il est évident que plusieurs adolescents ne seront pas en état de conduire pour plusieurs heures.

Remarques concernant les parties où chacun apporte sa boisson

Dans chaque communauté, il y a certains parents qui disent que les enfants boivent, peu importent les circonstances. Ils croient qu'il vaut mieux que les adolescents boivent dans un milieu supervisé que de le faire en cachette dans une atmosphère plus anarchique. Ainsi, ces parents fournissent un endroit aux adolescents et ils sont habituellement présents. Plusieurs étudiants, de classe moyenne et de classe plus aisée, ont rapporté de tels parties organisés et supervisés par des parents.

Cependant, pour de nombreux étudiants, les parties supervisés et donnés par des parents ne valent pas les «défonces» improvisées dans une maison d'où les parents sont absents et dont la responsabilité a été laissée à l'adolescent. Cela peut débuter avec «quelques amis seulement», mais le mot se passe inévitablement et d'autres arrivent. Parfois, jusqu'à 100 adolescents se regroupent ainsi. Dans plusieurs communautés, ces rencontres informelles font partie des activités sociales courantes des jeunes.

Même si les maisons privées, les condos, les appartements et les bâtiments sportifs sont souvent utilisés pour ces parties, il y a aussi d'autres sites populaires. Par exemple, un adolescent peut ouvrir le commerce de ses parents la fin de semaine afin d'avoir un endroit pour faire un party. D'autres peuvent s'organiser pour avoir accès au chalet ou à une maison luxueuse pour la fin de semaine. Peu importe l'endroit, le résultat est généralement une foule de jeunes qui se rassemblent pour boire de la bière ou autre chose et avoir du plaisir.

Plusieurs parents croient que parce qu'ils ont eux-mêmes pris de la bière alors qu'ils étaient adolescents, il n'y a rien de mal à ce que les jeunes en prennent, même si cela est illégal. Ils devraient se demander quel pourcentage des problèmes de conduite avec facultés affaiblies était causé par des jeunes de 12 à 19 ans à cette époque; combien de leurs amis adolescents ont progressé vers d'autres drogues comme la marijuana et la cocaïne avant de terminer leurs études secondaires? Les beuveries de bière étaient-elles des exceptions à la norme de ce temps ou étaient-elles la seule norme sociale acceptable? Maintenant, posez les mêmes questions à vos enfants.

Enfants et alcool forment un mélange explosif, peu importe la sorte d'alcool. Un adolescent qui a pris quelques bières peut être fortement tenté d'essayer de la marijuana ou du crack si on lui en offre, même si cet adolescent n'y aurait jamais pensé en temps normal. La sensation plaisante provoquée par l'alcool peut pousser le jeune à passer de la bière à l'alcool à 90 % en jouant au paquet de cigarettes. L'adolescent conduira-t-il une automobile après avoir bu ou fumé de la mari, ou les deux? De toute évidence, les risques sont immenses.

Que fait la police lorsqu'elle est appelée sur les lieux d'un party

Les procédures policières et l'attitude des policiers concernant les parties d'adolescents peuvent varier selon les localités. Certains agents avertissent à plusieurs reprises avant d'entreprendre de disperser les jeunes. D'autres mettent fin au party sur-le-champ sans donner d'explication. En général, les policiers sont appelés sur les lieux du party à cause du bruit. Ils cherchent donc à rétablir le calme et à éviter la violence, le vandalisme, les blessures et la conduite en état d'ébriété. Ils essaieront habituellement d'identifier la personne responsable du party. Les officiers ne veulent pas arrêter un grand nombre de personnes, mais ils le feront si nécessaire. Dans une telle situation, les policiers peuvent:

- Identifier les personnes blessées, malades ou ivres qui présentent des dangers pour elles-mêmes ou pour les autres et leur donner les soins appropriés.

- Enquêter sur les blessures ou les dommages et identifier les responsables.

- ✓ Identifier les responsables du party.

- ✓ Rétablir le calme et l'ordre dans le voisinage.

- ✓ Après plusieurs avertissements, ils peuvent émettre une contravention pour le bruit.

Malheureusement, lorsque la police a reçu plusieurs plaintes de citoyens concernant un party d'adolescents, ils n'ont pas d'autres choix que d'évacuer les jeunes hors du voisinage aussi vite que possible.

Pourquoi les jeunes vont-ils à des parties?

Pour une raison ou une autre, plusieurs jeunes (buveurs et non buveurs) veulent absolument être présents, peu importe les risques. Un groupe d'étudiants du secondaire a eu l'occasion d'y réfléchir lorsqu'un de leurs amis a été victime d'un arrêt respiratoire causé par un taux d'alcool dans le sang de 0,385 % et de blessures internes. On leur demanda pourquoi ils désiraient continuer à encourager de tels parties, alors qu'ils avaient tous été témoins d'une tragédie qui pourrait se reproduire.

Après analyse, ils donnèrent les raisons suivantes:

- Tous les jeunes le font.

- Ils le font depuis le premier cycle du secondaire et c'est devenu une habitude.

- Il n'y a rien d'autre que *tout le monde* aime faire et peut se permettre.

- Ils aiment boire avec leurs amis et ils ne veulent pas vraiment arrêter. Certains parties sont «pas mal le fun» et relativement calmes.

- L'école est grande et impersonnelle. Les parties sont le seul moyen de connaître des gens.

- Ils avaient l'intention de faire un pacte, un genre de système de surveillance mutuelle, afin que de tels événements ne se reproduisent plus.

Malheureusement, il était évident que ces jeunes d'intelligence normale se croyaient à l'abri des tragédies et différents de leur ami qui est presque mort. Même si les enfants étaient visiblement ébranlés 24 heures après l'incident, la tragédie récente était déjà oubliée quelques semaines plus tard, ainsi que le système de surveillance mutuelle.

Qu'est-ce que les parents peuvent faire?

Les parents peuvent prendre plusieurs mesures pour contrôler les parties d'adolescents. Les possibilités vont d'exiger des policiers qu'ils mettent fin à tout party non supervisé jusqu'à l'organisation de parties sous la surveillance de parents.

Voici quelques suggestions qui peuvent vous mettre sur des pistes:

✔ Exposez clairement votre opinion! Dites à votre adolescent ce que vous pensez des jeunes qui boivent de l'alcool dans *votre maison et sur votre terrain* et pourquoi. Discutez du contrat entre parents/adolescent de l'annexe F.

✔ Ne partez pas en laissant votre adolescent à la maison sans supervision. Engagez une personne responsable avec d'excellentes références ou échangez des temps de surveillance avec un autre parent responsable. Il est injuste de mettre votre adolescent dans une position où il peut être contraint d'utiliser votre maison pour un party, peu importe jusqu'à quel point vous lui faites confiance.

✔ Faites valoir les intérêts personnels de l'adolescent dans la maison et la propriété familiale. Encouragez le respect de la *propriété*, non seulement de la maison familiale mais aussi des endroits publics et des autres propriétés privées. Cela peut donner une autre perspective aux parties parfois destructeurs.

- ✓ Maintenez une communication ouverte et franche au sujet des parties. Discutez des risques et des responsabilités associés aux parties et comment ils peuvent affecter votre adolescent.

- ✓ N'écartez pas le problème en pensant que votre enfant n'irait jamais à un party ou n'en organiserait jamais un. La pression peut être forte ou il peut s'y rendre juste pour voir qui est là...

- ✓ Soyons réalistes! Mêmes les adolescents les mieux intentionnés peuvent se retrouver dans une situation difficile. Exigez de votre adolescent et de ses amis qu'ils vous appellent en tout temps s'ils ont besoin d'aide pour eux ou un ami. Dans certains cas, un tel appel pourrait sauver un enfant d'une *overdose* d'alcool.

- ✓ Finalement, les parties répondent à un besoin chez les adolescents, sinon il n'y en aurait pas autant. Des non-buveurs y participent; la boisson n'est donc pas le seul motif. Essayez de découvrir les besoins sociaux des adolescents et d'encourager d'autres activités sociales qui, *selon leur opinion*, répondront de façon satisfaisante à leurs besoins.

LA CONDUITE AVEC FACULTÉS AFFAIBLIES ET LES ADOLESCENTS

Le problème de l'alcool au volant chez les adolescents

Un des principaux problèmes associés aux parties où les jeunes apportent leur boisson est la conduite avec facultés affaiblies qui s'ensuit trop souvent. À titre d'exemple, un adolescent qui essaie d'être un buveur responsable (outre le fait qu'il n'a pas l'âge légal) peut excéder sa limite sans le vouloir. Il peut décider d'arrêter de boire et d'attendre d'être assez sobre pour conduire mais, au contraire des cocktails d'adultes, les parties d'adolescents peuvent être interrompus soudainement par une descente de police. Notre adolescent plus ou moins consciencieux se retrouve alors sur la route, ivre.

Plusieurs facteurs déterminent si les officiers de police laisseront partir les adolescents dont les facultés sont affaiblies, entre autres, l'attitude personnelle de l'officier, la disponibilité du personnel, les circonstances et la situation géographique, les autres urgences policières au même moment et la disponibilité des autres ressources.

Lors d'une descente, les policiers peuvent faire un barrage routier pour arrêter les conducteurs qui ont trop bu. D'autres croient que ce n'est pas leur responsabilité. Les parents disent souvent: «Pourquoi ne faites-vous rien avec ces jeunes?», alors que c'est à eux que revient la responsabilité.

Les adolescents ne consomment pas seulement de l'alcool lors de parties. Ils peuvent boire seuls ou avec quelques amis. Certains adolescents boivent pour être soûls et ils le seront, peu importe où et quand ils seront sur la route. D'autres boivent en «calant» de l'alcool dans un concours, en jouant au paquet de cigarettes ou avec une pièce de monnaie. Pour une raison ou pour une autre, des milliers d'adolescents sont blessés ou tués parce qu'ils mélangent alcool et volant.

Le problème de la conduite avec facultés affaiblies chez les adolescents

L'adolescent est un conducteur peu expérimenté. Des tests de conduite contrôlés ont démontré que même une petite quantité d'alcool diminue de 25 à 30 pour cent la performance des conducteurs *expérimentés.* Des tests exécutés en laboratoire ont démontré un affaiblissement des capacités de conduire, dont la recherche visuelle et la reconnaissance, la localisation et le temps de réaction, avec un taux de concentration d'alcool dans le sang inférieur à la limite légale de 0,08 %.

De plus, l'inattention et la somnolence résultant de l'effet dépresseur de l'alcool peuvent provoquer une réaction insuffisante dans un cas d'urgence. L'effet de l'alcool, qui élimine les inhibitions, peut pousser le conducteur à prendre plus de risques, à conduire plus vite et à être moins conscient de la nécessité d'être prudent et retenu.

Les statistiques montrent que la majorité des accidents associés à l'alcool, bien que les conducteurs ivres soient une cause majeure, sont causés par des conducteurs qui sont près ou sous la limite légale de concentration d'alcool dans le sang. Si votre adolescent vous dit qu'il a pris seulement une «couple de bières», ne vous laissez pas endormir. Tout conducteur qui a pris de l'alcool est dangereux!

La marijuana affecte elle aussi plusieurs capacités nécessaires pour conduire de façon sécuritaire. Les recherches ont démontré que ces capacités sont diminuées pendant 4 à 6 heures après avoir fumé un seul joint. Des accidents d'automobile associés à la cocaïne ont été rapportés. Une personne droguée est aussi considérée comme ayant des facultés affaiblies. Il faut aussi rappeler l'effet multiplicateur du mélange d'alcool avec d'autres drogues, comme la marijuana. Des tests de conduite contrôlés ont démontré que ce mélange rend la conduite extrêmement dangereuse, même si la concentration d'alcool dans le sang demeure sous la limite légale.

Statistiques

Parmi les accidents d'automobile au Québec, 45 % des blessures et 50 % des morts sont dues à un conducteur qui a dépassé la limite légale de concentration d'alcool dans le sang, soit de 0,08 %. Les accidents d'automobile constituent la première cause de mortalité chez les jeunes de 15 à 19 ans.

Les campagnes de publicité récentes contre la conduite avec facultés affaiblies semblent avoir un effet positif. Toutefois, malgré la diminution des accidents reliés à l'alcool et même si votre adolescent ne boit pas, il demeure exposé à un grand risque.

Assurances, responsabilités civile et criminelle

Le coût de la conduite avec facultés affaiblies, incalculable en termes de vies, de souffrance humaine et de blessures, est immense du point de vue légal et économique. On estime qu'au Canada, les accidents reliés à l'alcool coûtent plus de 2,5 milliards de dollars par année. Au Québec, la concentration maximum d'alcool tolérée dans le sang est de 0,08 %. Lors d'une première condamnation, les peines prévues dans la province de Québec sont: une amende minimum de 300 $; l'interdiction de conduire partout au Canada pendant 3 mois; la révocation du permis de conduire pour un an par la Régie de l'assurance automobile du Québec et un dossier judiciaire à vie. Pour une deuxième condamnation, quatorze jours de prison obligatoires viennent s'ajouter à cette liste. Une fois que l'adolescent retrouve l'usage de son permis de conduire, il doit bien sûr s'attendre à une forte augmentation de ses primes d'assurances.

Accidents causant des blessures ou la mort

Au Québec, le conducteur responsable d'un accident causant la mort ou des blessures, alors qu'il était en état d'ébriété, est passible de prison. Dans le cas d'un accident causant des blessures à une autre personne, le jugement peut compter jusqu'à 10 ans de prison. Dans le cas d'une mort accidentelle provoquée par un conducteur en état d'ébriété, la sentence peut aller jusqu'à 14 ans. Au Québec, les poursuites ont été éliminées avec la Régie de l'assurance automobile qui traite toutes les réclamations.

CONSOMMATIONS (PÉRIODE DE 2 HEURES)

45 ml (1½ oz) d'alcool 86 % ou 310 ml (10 oz) de bière

Poids (kg/lb)												
45/100	1	2	3	4	5	6	7	8	9	10	11	12
54/120	1	2	3	4	5	6	7	8	9	10	11	12
64/140	1	2	3	4	5	6	7	8	9	10	11	12
73/160	1	2	3	4	5	6	7	8	9	10	11	12
82/180	1	2	3	4	5	6	7	8	9	10	11	12
91/200	1	2	3	4	5	6	7	8	9	10	11	12
100/220	1	2	3	4	5	6	7	8	9	10	11	12
109/240	1	2	3	4	5	6	7	8	9	10	11	12

Concentration d'alcool dans le sang:

Conduire prudemment 0,05 %	Facultés affaiblies 0,05 % - 0,08 %	Éviter de conduire 0,08 % et plus

Le tableau donne les réactions moyennes. Généralement, les jeunes ressentent les effets plus rapidement alors que les plus vieux ont des problèmes de vision le soir. Les tests indiquent une grande variété de réactions même pour des personnes de même âge et de même poids. Pour certaines personnes, une seule consommation peut être trop.

Ce que les parents peuvent faire contre la conduite avec facultés affaiblies

Chaque fois que votre adolescent prend la route, il peut être victime d'une négligence de la part d'un conducteur en état d'ébriété. On estime qu'un soir de fin de semaine, un conducteur sur dix a pris de l'alcool. Si votre adolescent en prend aussi, le risque est encore plus grand. Quelles sont les responsabilités des parents envers les adolescents qui conduisent?

- ✔ Le jeune conducteur doit non seulement améliorer sa conduite défensive, mais aussi prendre des précautions raisonnables qui aident à diminuer ou à éviter le danger incessant des conducteurs avec facultés affaiblies. Vous pouvez aider votre fils ou votre fille en donnant l'exemple et en partageant vos expériences.

- NE CONDUISEZ JAMAIS LORSQUE VOUS AVEZ PRIS DE L'ALCOOL! Un bon exemple est la chose la plus importante que vous puissiez faire pour dissuader votre adolescent de conduire et de boire. Si vous revenez d'une soirée et que papa sent le scotch, assurez-vous que votre adolescent sache que maman conduisait et qu'elle n'avait pas bu, ou vice-versa.

- ATTACHEZ *TOUJOURS* VOTRE CEINTURE DE SÉCURITÉ ET INSISTEZ POUR QUE VOTRE ADOLESCENT ATTACHE LA SIENNE, comme l'exige la loi. De nombreuses morts et blessures auraient pu être évitées si les victimes des conducteurs ivres avaient été attachées.

- Revoyez le *Code de la route* afin de pouvoir répondre correctement aux questions et indiquer les infractions aux autres, en plus de donner un bon exemple.

- Encouragez les critiques de votre adolescent concernant votre façon de conduire et acceptez-les sans vous mettre sur la défensive. Il y a de fortes chances qu'elles soient justifiées! Cela encourage l'adolescent à critiquer la conduite d'un ami, ce qui pourrait lui sauver la vie!

- Analysez vos propres intuitions et partagez-les; par exemple, «Pourquoi penses-tu que cette voiture se prépare à te couper le chemin?» ou «Qu'est-ce qui te dit qu'une voiture va brûler un feu rouge?».

- Indiquez à votre adolescent les endroits dangereux dans votre quartier. Quelles sont les intersections où il y a le plus d'accidents? Quels feux les automobilistes ont-ils tendance à ne pas respecter?

- ✓ Faites bien comprendre à votre adolescent l'importance des responsabilités qui accompagnent l'utilisation d'un véhicule motorisé.

- ✓ Assurez-vous qu'il comprenne et respecte les conséquences que peuvent avoir la conduite et l'usage d'alcool et de drogues. Faites-lui penser à la perte de permis: «Tu marches, tu te trouves un moyen de transport ou tu n'y va pas...» Cela a souvent beaucoup plus d'impact qu'une amende de 300 $.

- ✓ Organisez votre propre système de points concernant l'usage irresponsable de la voiture. Appliquez-le fermement. N'hésitez pas à limiter ou à supprimer les privilèges reliés à l'automobile.

- ✓ Insistez pour que votre adolescent participe aux responsabilités rattachées à la voiture afin qu'il développe un sens de la protection: participation aux primes d'assurances, paiement du carburant, lavage et nettoyage régulier de l'intérieur, etc.

- ✓ Si votre adolescent se retrouve devant le juge pour conduite avec facultés affaiblies, soyez présent pour l'appuyer mais ne contestez pas l'accusation et ne payez pas l'amende vous-même.

- ✓ Encouragez votre adolescent à monter en voiture seulement avec des conducteurs responsables. Insistez pour qu'il vous appelle à *toute* heure du jour ou de la nuit s'il a besoin d'un moyen sûr pour rentrer. Ne vous limitez pas aux plus vieux. Votre fille de 12 ans aura peut-être besoin de vous si les parents des enfants qu'elle garde sont trop ivres pour la reconduire.

- ✓ EN AUCUN CAS vous ne devez tolérer que votre adolescent conduise alors qu'il a pris de l'alcool. Encouragez-le à ne pas le tolérer avec les autres.

- ✓ Incitez tous les adolescents à prendre leurs responsabilités pour lutter contre la conduite avec facultés affaiblies. Montrez-leur comment reconnaître la façon de conduire des personnes ivres.

Informez-les sur les moyens de les dénoncer. Des vies pourraient être épargnées — peut-être la vôtre!

✓ Même si votre adolescent est un conducteur compétent et consciencieux, il pourrait être mêlé à un accident, à cause d'un problème mécanique, de la température ou de la négligence d'un autre conducteur. Assurez-vous qu'il sache exactement quoi faire en cas d'accident, comment donner les premiers soins et que tout le nécessaire soit disponible dans la voiture en tout temps.

Ce que les adolescents font au sujet du problème

Plusieurs étudiants s'engagent dans la lutte contre la conduite avec facultés affaiblies. Tout comme les campagnes nationales, ils essaient de promouvoir une image positive des jeunes qui ne conduisent pas lorsqu'ils ont bu.

Un groupe d'étudiants américains — Students Against Driving Drunk — ont créé un «contrat pour la vie» que les adolescents et les parents signent. Ils s'engagent mutuellement à s'appeler pour avoir un moyen de transport sobre et sécuritaire chaque fois qu'ils en ont besoin. Pas de questions — on en reparlera plus tard. Ce genre de contrat encourage la communication entre les parents et les adolescents sur un sujet trop souvent évité. La réciprocité du contrat, qui admet que le problème de la conduite en état d'ébriété est aussi un problème d'adulte, vient souvent à bout de l'attitude défensive des adolescents. Une nouvelle version du contrat, le «contrat pour la vie, entre amis», s'adresse aux adolescents qui, pour une raison ou pour une autre, se sentent incapables de demander ce genre d'appui à leurs parents.

Cependant, des signatures sur un bout de papier ne sont pas des garanties automatiques que vos adolescents sont en sécurité sur la route. Trop d'adolescents croient qu'ils peuvent conduire après avoir pris de l'alcool, du moment qu'ils ne sont pas ivres. Ils sont souvent trop affectés pour juger de leur capacité de conduire. Un conducteur désigné à l'avance est la seule solution pour ceux qui veulent boire et se déplacer par la suite.

Certains étudiants qui aiment fêter désignent un chauffeur parmi le groupe, à tour de rôle, qui ne boit pas et est responsable de reconduire tout le monde de façon sécuritaire. Cette approche du chauffeur désigné demande cependant un peu de jugement. Par exemple, si le groupe consomme de l'alcool avant de se rendre à quelque part, le chauffeur désigné doit être en état de les y conduire et de les ramener à la maison. Certaines personnes demandent les clés de leurs invités en arrivant et les retournent seulement aux personnes en état de conduire. Cependant, lors d'un party «chaotique» comme celui décrit précédemment, ce genre de pratique bien intentionnée risque d'échouer si elle n'est pas bien organisée. Tous ces conseils, et d'autres du même ordre, n'élimineront pas la conduite avec facultés affaiblies, mais ils peuvent contribuer à diminuer le nombre de jeunes qui boivent et conduisent. Aussi longtemps que les jeunes auront tendance à prendre de l'alcool, c'est tout ce qu'on peut faire.

4.
LA PRÉVENTION

CONTRE LA CONSOMMATION D'ALCOOL CHEZ LES ADOLESCENTS

Habituellement, les adolescents ne remettent pas en question l'opinion de leurs parents sur la consommation de drogues comme la marijuana et la cocaïne. La possession et l'utilisation de telles drogues sont carrément illégales et sévèrement pénalisées, même pour les adultes. Il en est tout autrement pour l'alcool. Les lois concernant l'âge légal pour boire sont une insulte à l'idéalisme de justice des adolescents. Votre adolescent vous demandera probablement un jour pourquoi il ne peut pas boire alors que vous, vous buvez!

En temps normal, des parents responsables ne devraient pas avoir à s'abstenir de boire devant leurs adolescents. Cependant, ils doivent être conscients de l'exemple qu'ils donnent. Ils doivent aussi être prêts à répondre logiquement aux questions et aux reproches. «C'est différent pour les adultes, un point c'est tout!» n'est pas une réponse acceptable pour les adolescents. Pas plus que «C'est illégal!». Pourquoi y a-t-il une loi régissant l'âge légal pour consommer de l'alcool? Pourquoi les jeunes ne peuvent-ils pas boire?

Éviter de donner des réponses faciles et défensives comme «Tous les adolescents qui boivent deviennent alcooliques et ont des problèmes avec la police» ou «Les adolescents qui boivent ont tous l'air malades». Votre enfant rencontrera un jour des adolescents qui ont l'air en santé, qui sont populaires, très bons athlètes et qui boivent; il réalisera que votre explication n'était pas bonne. Vous perdrez votre crédibilité et votre adolescent sera encore plus tenté d'essayer.

La réalité est que le corps de l'adolescent est à un stade critique de développement physique, mental et émotif qui peut être affecté par l'usage ou l'abus d'alcool. La capacité de jugement peut être affaiblie à un moment où certaines habitudes de vie sont établies. Le Dr Robert L. DuPont mentionne un autre facteur à considérer: «Plus tôt un jeune consomme de l'alcool, plus de risques il a d'en consommer excessivement avec des conséquences négatives et plus de risques il a d'aller vers d'autres drogues, en commençant par la marijuana et en allant graduellement vers la cocaïne et d'autres drogues.» Pourquoi ne pas fournir des faits plutôt que des histoires à votre adolescent? Vous pouvez adapter les suggestions qui suivent selon vos besoins particuliers.

L'aspect physique

Familiarisez-vous avec la section sur l'alcool et ses effets dans ce livre. Votre adolescent a sans doute reçu une formation à ce sujet à l'école, mais a-t-il considéré ces faits en relation avec son propre style de vie? De quelle façon ces faits s'appliquent-ils à lui-même et à ses amis? Par exemple, est-il conscient que les problèmes de santé associés à l'alcool prennent du temps à apparaître, ou encore que le joueur de football de l'équipe de son école pourrait bien devenir une grande vedette au lieu d'un joueur moyen, s'il ne boit pas?

Sait-il qu'un corps d'adolescent, qui n'est pas encore complètement développé, peut réagir à l'alcool de façon inattendue? Ainsi, l'adolescent est prédisposé à devenir ivre plus rapidement et à un plus haut degré qu'un adulte de la même taille. Plusieurs experts affirment que l'adolescent devient plus facilement dépendant de l'alcool. Par conséquent, le jeune qui décide de boire de l'alcool court plus de risques qu'il ne croit.

L'aspect mental

Il est évident qu'un adolescent qui avait le cerveau alourdi par l'usage de l'alcool la veille ou la fin de semaine précédente, aura des difficultés à se concentrer en classe. L'éducation a pour but de développer la capacité de l'étudiant à prendre les faits disponibles, à les analyser et à arriver à une conclusion ou à une réaction logique. Si la consommation d'alcool empêche l'étudiant d'apprendre les faits pertinents *et* empêche ou retarde considérablement le développement des habiletés mentales, toutes les années d'études ne réussiront pas à le préparer pour l'avenir. L'étudiant diplômé du secondaire peut se retrouver quelques années plus tard sans l'*habileté* nécessaire pour accomplir ce qu'il veut dans la vie. Il peut manquer de préparation ou traîner derrière les autres à l'université ou à l'entraînement pour un emploi. L'usage de l'alcool peut aussi affecter la motivation. Quels sont les projets d'avenir de vos adolescents? L'usage prématuré de l'alcool peut-il entraver ces projets?

L'aspect émotif

En plus d'apprendre et d'interpréter une multitude de faits, l'esprit de l'adolescent traverse une période critique de développement entre l'âge de 12 et 18 ans. Durant cette période, l'enfant établit les modèles qui détermineront ses réactions émotives face aux événements. La façon dont l'adolescent réagit face à un professeur déraisonnable influencera probablement la façon dont il réagira face à un patron déraisonnable à 35 ans. Une consommation régulière ou semi-régulière d'alcool à cet âge peut retarder le processus de maturation. Selon le docteur Jorge Valles, ancien directeur du programme pour les alcooliques de l'Hôpital des vétérans de Houston au Texas, l'hypothalamus se développe complètement et mature entre 20 et 22 ans. «L'effet de l'alcool va directement à l'hypothalamus déséquilibré et au système nerveux autonome de l'adolescent, entravant ainsi la maturation émotive aux niveaux psychologique et physiologique*.» Par conséquent, les expériences de l'adolescent, nécessaires pour apprendre à faire face aux situations, peuvent être gênées par l'usage d'alcool. On ne sait pas si cette période essentielle du développement peut être rattrapée. Un adolescent qui prend régulièrement de l'alcool pour fuir les situations difficiles ou pour se donner du courage pourrait bien devenir un adulte de 35 ans qui a la maturité émotive et la capacité de faire face aux situations d'un enfant d'à peine dix ans.

Apprendre à se débrouiller ne se limite pas aux périodes sérieuses et structurées de la vie d'un adolescent. Les rencontres sociales sont aussi essentielles pour découvrir comment faire face aux situations efficacement, surtout lorsqu'il s'agit d'identification et de relations avec les pairs et l'autre sexe. Plusieurs adolescents boivent dans les rencontres sociales où l'alcool est disponible parce qu'ils sont tendus, anxieux, inquiets ou nerveux au sujet des contacts sociaux. En plus de les relaxer, l'alcool enlève leur motivation pour s'engager socialement — un des aspects les plus importants de l'adolescence.

L'aspect du jugement

L'alcool peut affecter dangereusement le jugement des adultes aussi bien que des adolescents. Cependant, comme le jugement est le résultat de l'expérience, les adolescents, qui ont vécu moins longtemps, et dans un environnement protégé, n'ont pas la même base solide que les adultes pour juger. Par conséquent, toute diminution de leur capacité encore limitée de jugement peut avoir des conséquences désastreuses. Un bon exemple est un conducteur inexpérimenté qui boit deux bières et prend le volant. Revoyez avec votre enfant les différents niveaux d'effets de l'alcool. Insistez sur le fait que la capacité de l'esprit à assimiler

---

* Le commentaire du docteur Jorge Valles est tiré d'une brochure de Mary Jo Green, coordonnatrice du National Federation of Parents for Drug-Free Youth, intitulée *What Parents Must Learn About Teens and Alcohol*.

de l'information et à faire de bons jugements est diminuée avec l'usage de l'alcool.

Une remarque à l'intention des parents

Les parents doivent garder à l'esprit que dans quelques années, les adolescents seront de jeunes adultes qui pourront décider légalement de boire ou non. Pour cette raison, on recommande aux parents de s'assurer que leurs adolescents soient au courant des effets néfastes potentiels des différentes substances chimiques — surtout l'alcool — et des risques associés à leur utilisation. La responsabilité légale reliée à une consommation irréfléchie d'alcool fait partie de ces risques.

Si votre adolescent attend d'avoir l'âge légal pour décider de prendre de l'alcool ou non, il est plus probable qu'il décidera contre l'usage de l'alcool. De plus, s'il décide *à ce moment* de commencer à prendre de l'alcool, il est moins probable qu'il en fasse une consommation excessive ou qu'il le mélange à d'autres drogues que s'il a commencé à un plus jeune âge.

STRATÉGIES DE PRÉVENTION

La solution la plus efficace pour contrer l'épidémie de drogues chez les adolescents est la prévention! Commencez maintenant et prévoyez quelle sera votre attitude et quelles seront vos politiques à propos de l'usage de l'alcool et des autres drogues. Soyez conscient que ces politiques peuvent changer selon la situation familiale. Les parents doivent s'entendre sur la façon de traiter le problème de la drogue dans la famille. La communication avec votre enfant doit être cohérente et conjointe.

Un parent informé est la meilleure défense de l'enfant

Renseignez-vous sur tous les aspects qui peuvent influencer le développement de votre enfant. Familiarisez-vous avec les différentes drogues et leurs effets. Soyez au courant du milieu actuel de la drogue, surtout chez les adolescents. En plus de l'information contenue dans ce livre, vous trouverez d'autres renseignements dans les bibliothèques publiques, les CLSC ainsi que dans les sources listées à l'annexe G. Échangez avec d'autres parents, des professeurs, des conseillers, des officiers de police et des voisins. Plus vous en savez, plus vous serez crédible lorsque vous parlerez à vos enfants du problème de l'alcool et des drogues.

Amorcez délicatement des discussions au sujet de la situation dans votre communauté en montrant que vous êtes intéressé. Renforcez ce que vos adolescents ont appris à l'école et continuez leur éducation sur les drogues légales et illégales. Aidez-les à y voir clair. Lorsque vous entendez parler d'une tragédie impliquant des jeunes, de l'alcool et d'autres drogues, ou que vous lisez sur ce sujet discutez-en avec vos adolescents.

Observez votre adolescent, accordez-lui de votre temps et soyez attentif à ses émotions. Soyez vigilant pour des signes d'usage de drogues sans être trop soupçonneux. Cela pourrait être interprété comme un manque de confiance, ce qui peut bloquer la communication.

Attaquez le problème avant qu'il surgisse

- ✓ Exposez clairement votre opinion sur l'usage de l'alcool et des drogues par les adolescents. Si vos objections sont basées sur des motifs personnels, comme un problème d'alcoolisme ou de dépendance dans la famille, des croyances religieuses, la prédisposition au diabète ou à l'hypoglycémie, etc., soyez honnête au sujet de ces motifs. Généralement, il vaut mieux ne pas faire du problème de la drogue un problème moral.

- ✓ Expliquez que les changements, les conflits et les sautes d'humeur sont des phénomènes normaux. Faites-lui comprendre que de faire face à la dépression, au stress, etc., sans avoir recours à des substances chimiques fait partie du processus de devenir adulte.

- Lorsque vous interdisez à votre adolescent d'utiliser des drogues, vous croyez avoir le contrôle total sur sa vie, ce qui est impossible. Ce n'est donc pas la solution. Assoyez-vous avec votre adolescent, discutez de vos attentes et demandez-lui son opinion. Les adolescents sont plus réceptifs lorsqu'ils se sentent écoutés. De plus, ils respectent un parent qui n'a pas peur de prendre position.

- Établissez des limites. Concentrez-vous sur les problèmes potentiels majeurs et essayez d'atteindre un équilibre raisonnable entre le contrôle et l'autonomie. Des règles saines favorisent le développement de l'individu et de la famille et stimulent la communication honnête et ouverte. Les règles doivent être assez flexibles pour être réajustées ou restructurées lorsque la situation l'exige. Cependant, elles ne doivent pas varier inutilement ou changer selon les personnes. Soyez constant! Ne vous sentez pas obligé de vous conformer aux règles des autres parents.

- Soyez prêt à faire respecter vos limites. Les adolescents ont *besoin* des conseils de leurs parents! Ils veulent que leurs parents soient des parents! Ne vous laissez pas tromper par les apparences; souvent, ils semblent vous rejeter alors qu'ils vous testent pour connaître vos limites ainsi que votre loyauté envers eux. Établissez des punitions justes mais efficaces.

- Insistez sur le fait que vous faites confiance à votre adolescent, mais que vous ne faites pas confiance à son inexpérience. Faites aussi comprendre à l'adolescent que la confiance se gagne. Évitez de l'accabler d'une trop grande confiance. Les parents peuvent provoquer un échec en laissant leur adolescent dans une situation pour laquelle il n'est pas préparé ou à laquelle il ne devrait pas être confronté. Par exemple, on ne devrait pas laisser une douzaine de jeunes de 15 ans, garçons et filles, passer une fin de semaine de ski dans un chalet sans surveillance. De la même façon, les parents devraient y penser deux fois avant de donner la responsabilité de la maison et des plus jeunes à leur adolescent de 14 ans lorsqu'ils prennent des vacances.

Faites savoir aux adolescents que vous êtes inquiet parce que vous les aimez

Trop souvent, les adolescents interprètent mal les motifs de leurs parents dans l'exercice de leur autorité. Ils croient que leurs parents veulent simplement gâcher leur plaisir. Les adolescents ont souvent la fausse impression que leurs parents exigent le paiement d'une dette qu'ils n'ont pas contractée (le syndrome du «après tout ce que j'ai fait pour toi»). Les adolescents peuvent penser que les parents sont jaloux de leurs relations avec leurs amis et de leur liberté vis-à-vis des responsabilités, surtout dans le cas d'un parent assailli de problèmes. Il est très important qu'ils sachent que vous les aimez et qu'ils comprennent pourquoi vous désirez savoir où ils sont et ce qu'ils font.

✔ Soyez *pour* vos enfants et faites-leur savoir! Vous n'êtes peut-être pas toujours en accord avec leurs actions, mais vous pouvez quand même les aimer pour ce qu'ils sont. Une bonne étreinte en dit long.

✔ Reconnaissez et encouragez leurs talents naturels et leurs activités parascolaires. Le succès aide à développer la confiance en soi qui, à son tour, prévient l'usage des drogues. De bonnes activités laissent moins de temps à votre enfant pour courir après les problèmes.

✔ Ne vous attendez pas seulement à déceler les mauvais comportements et à les punir. Remarquez soigneusement les bons côtés et complimentez-les. Récompensez les bons comportements avec un privilège spécial.

✔ Soyez disponible pour votre enfant. Pendant l'adolescence, plusieurs «crises» se produiront sans être prévisibles. Dans ces moments, votre disponibilité en dira long sur votre engagement envers eux.

✓ Essayez de trouver des façons pour faire partie de *leur* vie. Ce peut être en faisant du sport, en magasinant, en allant à des spectacles, en participant à des activités scolaires ou autres.

Aidez votre enfant à développer sa capacité à prendre des décisions

Les parents peuvent dire à leur adolescent: «Maintenant que tu es un adulte, tu peux prendre tes propres décisions», sans lui avoir montré les principes de base de la prise de décision.

Dans une société où les adolescents sont confrontés à l'alcool et aux drogues, le but principal des parents devrait être de montrer à leur enfant comment dire «non». Une des raisons pour laquelle les adolescents prennent de l'alcool et de la drogue est qu'ils ne sont pas capables de faire face au stress causé par les problèmes qui font partie de leur vie. Ils n'ont peut-être jamais appris de technique pratique pour résoudre ces problèmes. La prise de décision sert d'outil dans la résolution de problèmes. Les parents ont la responsabilité d'aider leur enfant à développer ces techniques.

Vous devriez apprendre très tôt à votre enfant à suivre un processus logique de prise de décision. Commencez par des décisions simples qui ne portent pas trop à conséquence et continuez avec d'autres plus complexes et plus importantes. Par exemple, un jeune enfant peut décider de temps en temps quelle émission de télévision regardera toute la famille. Plus tard, laissez-le décider, par exemple, s'il utilisera ses économies pour une voiture ou s'il attendra jusqu'à sa graduation. A-t-il vraiment besoin d'une voiture? L'enfant doit aussi apprendre très tôt à accepter les conséquences de ses décisions. Par exemple, si un autre enfant n'accepte pas son choix d'émission de télévision, il doit régler le conflit. Si les réparations de sa voiture d'occasion coûtent 100 $ par mois, c'est son problème.

Participez plus activement au début de son apprentissage. Graduellement, accordez plus de responsabilités dans les prises de décision, au fur et à mesure que l'enfant devient compétent, et diminuez votre participation jusqu'à un niveau approprié. Le processus de «laisser faire» est décrit plus loin dans cette section.

Il y a très peu de chances que vous soyez présent lorsqu'on offrira des drogues à votre adolescent ou qu'on le poussera à faire quelque chose d'illégal ou de dangereux, comme rentrer à la maison en voiture avec un conducteur ivre. Cependant, faites comprendre à votre adolescent que vous êtes toujours disponible pour lui donner votre avis. De la même façon, si vous sentez que votre enfant a un problème mais qu'il hésite à en parler, encouragez-le subtilement à se confier à vous. Cependant, il doit réaliser qu'aussi longtemps qu'il est financièrement dépendant de vous, vous êtes légalement responsable de ses actions et que vous avez donc le droit d'exercer votre autorité en tout temps. En d'autres termes, vous avez la responsabilité et le droit parental de prendre toute décision concernant votre enfant dépendant, sans abuser, lorsque, dans votre esprit, la gravité de la situation l'exige. De façon surprenante, la réaction de l'enfant en sera peut-être une de soulagement plutôt que de ressentiment. Lorsque vous devez intervenir de cette façon, appliquez les principes d'une bonne prise de décision.

Quels sont ces principes et comment sont-ils utilisés? En voici les grandes lignes:

✔ Définir le problème. Exemple: Jean veut que j'essaie du crack avec lui.

✔ Identifier les solutions possibles. Exemple: oui ou non.

✔ Peser le pour et le contre de chaque solution possible. Exemple:

Pour — J'aimerais savoir ce que ça fait. L'effet ne dure pas longtemps; je ne risque pas de rentrer à la maison gelé. J'ai les dix dollars qu'il faut.

Contre — J'ai entendu à la télévision qu'il était facile de devenir dépendant. Deux personnes viennent juste de mourir parce qu'elles ont pris de la cocaïne. Si j'utilise les dix dollars pour du crack, je ne pourrai pas acheter le disque que je veux depuis longtemps.

- ✔ Poussez votre enfant à considérer la pire conséquence de chaque solution possible. Exemple: Pour — Je pourrais mourir d'une seule dose de crack. Plutôt mauvais! Contre — Je ne saurai peut-être jamais comment on se sent en prenant du crack. Et après? On ne peut pas tout connaître.

- ✔ Prendre une décision et la respecter. Exemple: «Non... Je n'ai pas les dix dollars. Salut.»

Aidez votre enfant à développer sa confiance et son amour-propre

La confiance en soi et l'amour-propre sont deux facteurs importants qui contribuent à l'image que nous avons de nous-mêmes. Il faut créer cet état d'esprit positif afin de produire des jeunes confiants et capables, qui se sentent bien dans leur peau, des jeunes qui sont plus portés à dire «non» à l'alcool et aux drogues. Le développement de l'image que l'adolescent a de lui-même est aussi important que la prévention des parents.

De par leur nature, les adolescents sont souvent très cruels, quelque peu inconstants et ils manquent totalement de considération à l'égard des autres. Même les «meilleurs amis» se font du mal entre eux en essayant d'être mieux dans leur peau. Il peut parfois arriver qu'un professeur insensible ou qu'un entraîneur obsédé par la victoire contribue au sentiment de médiocrité de l'adolescent. Donc, l'enfant peut avoir des problèmes s'il dépend de ses pairs et de l'autorité désintéressée des adultes pour développer son image.

Il y a de nombreux moyens subtils pour aider un enfant à développer sa confiance et son amour-propre. Vous en trouverez tout au long de ce livre. Cependant, la plupart peuvent être classés dans les deux catégories suivantes: 1) les compliments; 2) l'aide à l'enfant pour prendre conscience de ses propres capacités et limites. Les commentaires qui suivent pourront peut-être vous aider à développer votre propre façon pour nourrir cette image positive.

Compliments

- Un enfant peut être offusqué par un parent qui complimente seulement ce qu'il considère un exploit majeur. Par exemple, le père qui applaudit seulement le but vainqueur ou la mère qui est satisfaite seulement lorsque son enfant fait partie des trois premiers de la classe. «Ils aiment ça bien sûr, mais rien d'autre ne leur fait plaisir.» Ne négligez pas ou ne tenez pas pour acquises les réalisations quotidiennes qui peuvent être beaucoup plus importantes pour l'enfant que les résultats scolaires ou sportifs.

- Ne ratez pas une occasion de complimenter l'adolescent, mais le compliment doit être mérité pour être significatif et constructif. Certains jours, vous pouvez même leur faire un compliment sur la couleur de leurs yeux (ou de leurs cheveux ou de leurs dents). Ce qui est important, c'est qu'ils se sentent bien et appréciés.

- Reconnaissez les efforts de votre adolescent! Ce qui est impressionnant pour un adolescent ne l'est peut-être pas pour un autre. On doit toujours beaucoup complimenter l'adolescent qui a fait du mieux qu'il pouvait dans des circonstances données. Un autre fera peut-être la même chose avec plus de succès, mais il peut avoir un plus grand talent naturel pour la tâche et y accorder très peu d'efforts.

Les talents propres à chacun

- Votre adolescent n'a peut-être pas les talents naturels que vous souhaitez. Acceptez-le et aidez-le à découvrir ses propres talents. En démontrant votre appréciation, vous l'aiderez à reconnaître ses propres habiletés. Efforcez-vous d'encourager le développement de ces habiletés.

- Encouragez activement les efforts de votre adolescent. Assistez à la partie, à l'exposition ou à la foire scientifique. Aidez-le à dénicher une guitare usagée. Un geste vaut mille mots.

- Il ne suffit pas de *dire* aux adolescents de faire quelque chose, il faut leur *montrer* comment le faire. Travaillez avec eux jusqu'à ce qu'ils soient suffisamment compétents. Chaque technique maîtrisée renforcera la base nécessaire pour développer la confiance en soi.

Les limites propres à chacun

- Au moment opportun, laissez savoir à votre adolescent que vous acceptez ses limites. En même temps, montrez-lui que vous appréciez ses talents. Par exemple: «C'est vrai que tu n'as pas la carrure pour jouer au football, mais les filles aiment bien une constitution plus élégante. Ça fait de bien meilleurs danseurs.» Surtout, encouragez l'adolescent à accepter ses limites et à compenser avec ses habiletés. Évitez d'en faire une confrontation humiliante. Vous pouvez parler d'une déception que vous avez eue lorsque vous étiez jeune et comment vous l'avez surmontée.

- Il peut arriver qu'un adolescent soit déterminé à atteindre un objectif qu'il semble incapable de réaliser. Il s'agit d'une situation difficile. Il peut vous surprendre comme il peut devenir de plus en plus déprimé après des échecs répétés. Vous admirez tellement sa persévérance que vous pensez probablement devoir l'encourager. Cependant, ça ne veut pas dire que vous ne pouvez pas essayer de le distraire par d'autres activités et encourager l'usage fréquent du processus de prise de décision.

La famille comme refuge et soutien

La vie de famille connaît des tensions internes et externes. Elle demeure néanmoins une des sources les plus efficaces de force et d'influence positive pour l'adolescent qui est confronté à l'alcool et aux drogues.

- Même si les adolescents cherchent à se séparer, ils ont besoin d'une bonne relation qui leur donne la sensation d'appartenir à quelque chose de plus grand, comme la famille, le pays, Dieu, etc.

- Les enfants ont besoin de s'identifier à des modèles qu'ils admirent. Ces modèles se retrouvent souvent dans le milieu familial. Un sens familial développé engendre habituellement la fierté et le respect mutuel, ce qui fait du modèle familial un outil de prévention efficace.

- Des parents attentifs peuvent développer chez l'enfant des moyens de défense contre l'alcool et les drogues: l'estime de soi, la capacité de contrôler la tentation et d'user d'autodiscipline, la confiance pour dire «non», etc.

- Les enfants doivent avoir des responsabilités et se sentir utiles. Demandez à votre adolescent de faire une liste de toutes ses responsabilités (devoirs, ménage, corvée, etc.) et laissez-le décider quand et comment il les exécutera.

Soyez conscient des modèles de votre adolescent

L'attitude et le comportement des parents influencent considérablement les enfants. Prenez conscience que l'utilisation que vous faites des drogues légales (médicaments prescrits ou non, alcool) sert d'exemple à votre fils ou votre fille. Soyez responsable! Les adolescents devinent facilement les intentions de leurs parents. Les parents qui croient que leurs enfants ne s'aperçoivent pas de l'abus de drogue ou de l'utilisation illégale et irresponsable de drogues qu'ils font sont bien naïfs. Consciemment ou non, ce comportement parental envoie le message clair et net que c'est bien de prendre des drogues et que «les lois sont faites pour être brisées».

Le modèle d'un adolescent peut être, autre que les parents, un ami de la famille, un parent, un professeur, un entraîneur ou une vedette, un frère ou une soeur plus âgé(e), une personne chez qui il garde les enfants, etc. Quel effet peut avoir sur votre adolescent l'abus ou l'utilisation irresponsable d'alcool ou d'autres drogues par ces personnes? Les vedettes (chanteurs rock, sportifs, etc.) auxquelles s'identifie votre adolescent sont-elles des modèles négatifs ou donnent-elles un message en faveur des drogues par leur musique, les annonces de bière ou leur vie privée? Il faut se poser ces questions.

Identifiez et reconnaissez les besoins sociaux tôt

Les enfants veulent être ensemble. Ce qu'ils font est secondaire. Les parents peuvent aider à planifier des activités (même s'il s'agit seulement d'inviter des amis à regarder la télévision) et s'occuper du transport. Si aucune activité n'est organisée, les jeunes commencent à «se tenir en gang» et les problèmes surgissent. En les aidant à organiser des activités intéressantes au début de l'adolescence, on s'assure qu'ils ne penseront pas en vieillissant que la seule activité intéressante en ville est de boire de la bière.

Aidez votre adolescent à se fixer des objectifs

Sans objectif à long terme, l'adolescent peut devenir frustré à court terme, ce qui peut conduire à l'usage des drogues. De plus, il n'y a rien de mieux pour améliorer sa confiance que le succès relié à l'atteinte de ses objectifs.

- ✓ Encouragez votre adolescent à se fixer des buts réalistes et à long terme et à les réévaluer régulièrement. Ce peut être un projet d'été, développer un talent particulier, réussir à l'école, économiser pour un voyage de graduation, des projets de collège, des objectifs de carrière, etc.

- ✓ Incitez-le à se fixer des objectifs immédiats, faciles à réaliser. En divisant un objectif majeur en plusieurs petites tâches, ou sous-objectifs, on rend le projet moins imposant et les occasions de succès sont multipliées.

- ✓ Donnez-lui la confiance nécessaire pour qu'il se sente capable de modifier le cours de sa vie par ses propres actions.

Aidez votre adolescent dans l'élaboration d'un système de valeurs

Même s'ils ne sont pas prêts à l'admettre, les valeurs sont importantes pour les adolescents. Ces adultes en croissance devraient reconnaître le besoin de définir les valeurs personnelles consciencieusement. S'ils ne connaissent pas leurs propres valeurs, ils peuvent difficilement peser le pour et le contre dans un processus de prise de décision. La résolution de problèmes peut alors se limiter aux «je veux» et «je ne veux pas». Par conséquent, les jeunes qui ont peu de valeurs sont plus portés à utiliser des drogues.

- Encouragez votre adolescent à analyser des choses plus abstraites et à prendre des décisions morales sur ce qui est bon et mauvais.

- Demandez à votre adolescent, tout à fait par hasard et sans préjugé, ce qu'il pense de certains sujets controversés, situations, etc. Incitez-le à penser sérieusement à ses propres valeurs.

Dans un contexte de système de valeurs, il faut peut-être parler de la religion. Le docteur Robert L. DuPont, dans son livre *Getting Tough on Gateway Drugs*, souligne le rôle de la religion dans la prévention et le traitement de la dépendance créée par les drogues. Il affirme: «Dans le contexte de prévention d'abus de drogues, la religion est une façon d'échapper aux limites imposées par un système de plaisir basé sur le biologique. Elle permet de contrôler le comportement en regardant plus loin que le plaisir individuel et le plaisir présent et en considérant des valeurs et des objectifs humains plus grands. En tant que tel, la religion, en plus d'être un outil utile dans la prévention des abus de drogues, est indispensable à une guérison réelle.» Le rôle de prévention que le docteur DuPont donne à la religion a été confirmé par d'autres experts.

La communication

Pour diriger et aider leur enfant pendant la période difficile de l'adolescence, les parents doivent comprendre ce que leur enfant ressent, pense, dit et fait. Les parents se demandent souvent comment il se fait qu'ils peuvent communiquer beaucoup mieux avec les amis de leur enfant. Ce peut être en partie parce qu'ils ne sont pas directement concernés par les amis de leur enfant. Ils sont donc libres de communiquer de façon courtoise et sociale.

Ainsi, au cours de la préparation de ce livre, plusieurs adolescents se sont plaints avec ressentiment qu'ils ne pouvaient pas parler à leurs parents parce que ceux-ci ne comprendraient pas ou n'écouteraient pas. Les parents ont peut-être besoin de revoir quelques principes d'une communication efficace.

✓ Soyez un parent «ouvert». Créez des occasions pour discuter de tout et de rien.

- La communication courante entre deux personnes est importante car elle encourage les confidences. De temps en temps, papa ou maman peut inviter leur adolescent au restaurant ou à aller manger une crème glacée après l'école. Les tâches ménagères ou jardinières peuvent aussi être une occasion de «placoter».

- Accordez une grande importance au repas familial quotidien où tout le monde est assis à table, même si cela est difficile pour les membres de la famille. Faites-en un moment privilégié pour partager et échanger en famille.

✓ Donnez l'exemple à votre adolescent en écoutant, en communiquant vos sentiments et en vous rapprochant des autres.

✓ Lorsque vous devez imposer une limite additionnelle, faites-le en minimisant le ressentiment et en épargnant son amour-propre. Transmettez de l'autorité et non des insultes.

✓ Lorsque vous avez quelque chose à discuter avec votre adolescent, essayez de choisir un endroit et un moment où vous ne serez pas distraits ou dérangés. Évitez de toujours le coincer dans la voiture en le conduisant à l'école.

- Rassemblez les faits à l'avance et organisez-les logiquement. Soyez réceptif aux nouvelles données. Planifiez soigneusement l'utilisation des faits pour présenter votre opinion.

- Soyez conscient de votre propre motivation face au sujet.

- Rappelez-vous que les conflits émergent des différences d'opinions, de besoins, d'objectifs, etc. Les conflits peuvent être réglés par:

  la discussion — s'il n'y a qu'une solution acceptable;

  un compromis — s'il y a plusieurs solutions acceptables.

✓ Lorsque votre enfant a quelque chose d'important à vous dire, accordez-lui un moment sur-le-champ ou le plus tôt possible. Plus tard, il aura peut-être changé d'idée.

- Ne sous-estimez pas l'impact d'une crise d'adolescence parce qu'elle semble dérisoire selon les normes adultes.

- Encouragez le désir de votre enfant de discuter avec vous: «Merci de m'en avoir parlé...»

- Écoutez attentivement et avec un intérêt soutenu ce que votre enfant vous dit. Évitez de l'interrompre continuellement.

- Faites comprendre à votre enfant que vous respectez ses opinions même si vous n'êtes pas d'accord.

- Soyez informé. Des questions avec réponses approfondies encouragent la réflexion et la discussion sur le sujet.

- Si nécessaire, répétez les faits et les sentiments pour vous assurer de bien comprendre. Ne sautez pas automatiquement aux conclusions.

- Demandez à votre adolescent comment vous pouvez aider: En identifiant les différentes options possibles? En pesant le pour et le contre des différentes options? En prenant les mesures nécessaires?

✔ Soyez conscient de l'expression de votre visage, de vos yeux et de votre corps. Le froncement des sourcils ou un poing fermé, sans aucune parole, peut mettre fin au désir de l'adolescent de communiquer et le mettre sur la défensive.

✔ Portez attention à la formulation.

- Utilisez la première personne lorsque possible: «J'ai un problème avec...»

- Évitez les accusations.

Lorsque les enfants vieillissent, leur concept du quartier, et le vôtre, s'agrandit et se réorganise constamment. De fait, il peut inclure plusieurs quartiers dans la périphérie d'une école. Dans une grande ville, les classes de secondaire I regroupent des élèves de plusieurs quartiers. Chaque étudiant doit donc intégrer toutes ces nouvelles personnes et les situer dans sa propre conception du quartier. Cela est souvent difficile et demande de la persistance et un effort soutenu.

Apprenez à connaître les amis de votre adolescent

Les amis sont importants pour votre adolescent, *et* pour vous. Les amis deviennent les groupes de soutien du jeune au fur et à mesure qu'il se détache des parents. Ce groupe peut avoir une influence profonde, positive ou négative, sur ces jeunes personnes.

- Sachez qui sont les amis de votre adolescent et leur nom. Montrez-vous intéressé lorsque votre enfant parle d'eux. Encouragez-le à inviter des amis à la maison. Un des avantages de le laisser utiliser votre maison comme lieu de rassemblement est que cela vous permet de le superviser subtilement et peut-être de remplacer la flânerie en gang par des activités constructives.

- Prenez le temps de rencontrer les amis de votre adolescent. Faites-leur sentir que vous les considérez comme des personnes à part entière. Soyez intéressé par leurs opinions et leurs activités. Accueillez-les à bras ouverts dans votre maison!

- Soyez un parent et résistez à la tentation de devenir un des leurs. Maintenez une politique ouverte qui encourage une relation favorable entre parents et adolescents. Soyez aussi sensible et juste envers les amis, et dites-leur ce que vous attendez d'eux.

- Écoutez-les. Leurs problèmes sont peut-être identiques à ceux de *votre* adolescent. Les conseils que vous donnez aux amis seront peut-être un jour redonnés à votre enfant par ces mêmes amis.

- Assurez-vous d'avoir leur respect. Plus il y a de respect et d'ouverture dans la relation avec votre adolescent et ses amis, plus il vous sera facile de leur parler efficacement des questions qui vous inquiètent, comme l'alcool, les parties, etc.

- Encouragez-les à vous faire confiance. N'oubliez pas que la confiance se gagne. Si vous faites une promesse, tenez-la! Si une crise se produit et que l'intervention des parents soit cruciale, ILS VOUS APPELLERONT S'ILS ONT CONFIANCE EN VOUS!

Choisir ses propres amis et développer des relations sociales sont essentiels pour l'équilibre futur. Mais il peut arriver que l'adolescent choisisse un ami indésirable pour une raison ou pour une autre, par exemple parce qu'il prend de la drogue. Évitez de critiquer ce dernier, car les adolescents sont très loyaux envers leurs amis. Si vous lui interdisez de fréquenter quelqu'un, préparez-vous à le surveiller à tout instant.

Vous pouvez également distraire votre adolescent sans le buter avec une activité irrésistible qui, par sa nature, exclut l'ami indésirable. Une conversation sur les bons amis en général, qui entraînera naturellement une discussion au sujet de cet ami en particulier, motivera peut-être le jeune à considérer le pour et le contre de cette relation. Les adolescents choisissent habituellement des amis qui partagent leurs attitudes et leurs valeurs. Vous devriez peut-être examiner les valeurs de votre enfant.

Connaissez les parents des amis de votre adolescent

Établissez la communication avec les parents des amis de votre adolescent *avant* qu'une crise ne survienne. Peu importe comment, faites-le. Si vous attendez de les rencontrer par hasard à une réunion de parents ou à une partie de baseball, vous ne ferez peut-être jamais leur connaissance. Vous pouvez les appeler et vous présenter comme la mère ou le père de __________ et leur dire que vous aimeriez être en contact. Si vous voulez, vous pouvez inviter les jeunes *et* les parents à une rencontre informelle ou encore à un souper.

Pourquoi cela est-il si important?

- C'est une occasion de les juger. Sont-ils abordables/distants, engagés/désintéressés, sévères/tolérants, ouverts/défensifs, raisonnables/irrationnels? Semblent-ils avoir le contrôle de leur adolescent? Existe-t-il une bonne relation entre l'enfant et les parents? S'agit-il de gens à qui vous pouvez vous confier, par exemple au sujet d'une information que votre adolescent vous a donnée concernant leur adolescent?

- C'est une occasion pour *eux* de vous juger pour les mêmes raisons. Au cours des années d'études élémentaires et secondaires, il y a peut-être certaines choses au sujet de votre enfant que vous ne saurez jamais si personne ne vous connaît, ou si vous avez la réputation d'être sur la défensive ou désintéressé.

- En plus d'être une source inestimable pour savoir ce que les jeunes font *vraiment*, un réseau de parents peut aussi dissuader les adolescents de faire des mauvais coups. Ils savent alors qu'ils doivent planifier leur coup très soigneusement, et souvent, ça n'en vaut pas la peine.

- Lorsque les parents d'un groupe sont en contact, ils peuvent avoir des règlements uniformes, comme le couvre-feu, les activités permises, etc. Cela facilite la tâche des parents et des enfants, en éliminant les activités indésirables et le non-respect du couvre-feu.

Ne pliez pas sous la pression des autres parents lorsque vous pensez avoir raison! De même, n'hésitez pas à dire à votre adolescent que vous n'êtes pas d'accord avec un autre parent et pourquoi. Si vous acceptez quelque chose qui est contre vos principes parce que vous avez peur de le dire, votre adolescent pensera que vous êtes hypocrite lorsque vous *lui* demandez de ne pas céder à la pression de ses pairs.

Créez un réseau de parents dans votre quartier

Communiquez avec les parents de quelques amis de votre enfant et dites-leur ce qui vous préoccupe. Invitez-les à une rencontre (déterminez le lieu et l'heure). Demandez à chacun d'appeler d'autres parents qu'ils connaissent. À la rencontre, expliquez ce qui vous préoccupe et demandez à chacun de faire de même. Soyez attentif. Ensuite, décidez ensemble des sujets qui devraient être discutés plus longuement.

Suggestions: couvre-feu, argent de poche, règlements dans la maison, comportements acceptables, expériences personnelles avec l'alcool et les drogues, etc.

Vous trouverez probablement que vous avez seulement effleuré les sujets à la première séance. Planifiez des rencontres régulières et demandez à une personne de communiquer avec tout le monde avant chacune d'elles. Si d'autres parents sont intéressés, invitez-les même s'ils ne demeurent pas dans le quartier. Ou aidez-les à organiser leur propre réseau dans leur quartier.

CE QUE LA COMMUNAUTÉ PEUT FAIRE

Les lieux de rencontres habituels, la disponibilité et les effets de l'alcool et des autres drogues, l'environnement de l'adolescent à l'extérieur de la maison, la communauté en général, voilà autant de facteurs qui affectent l'attitude de l'adolescent face à l'alcool et aux drogues. Tout ce qui est relié directement ou indirectement à ces quatre facteurs affecte *votre* adolescent. Votre intérêt et votre engagement indiquent à votre jeune que vous êtes sérieux au sujet de ces questions.

Soyez au courant des questions et des activités scolaires et communautaires

- Soyez informé sur les lois concernant les drogues, la conduite avec facultés affaiblies, etc. Pour avoir une bonne idée du climat qui règne dans la communauté et demeurer au courant, lisez attentivement les communiqués de parents et de professeurs, les journaux étudiants, les communiqués de la commission scolaire et le guide étudiant, en plus de votre journal communautaire.

- Participez au plus grand nombre possible de rencontres de parents à l'école et dans le quartier. C'est une excellente source d'information, et pas uniquement sur le sujet traité. Vous serez surpris de la quantité d'informations sur les problèmes à l'école, les parties, etc., qui fait surface lors de telles rencontres.

- Informez-vous sur les bonnes activités disponibles pour les adolescents dans votre communauté. Des activités récréatives, des sports organisés, des cours de peinture et d'autres sujets intéressants peuvent être offerts par l'école, les services de loisirs, un centre communautaire, le YMCA/YWCA ou un autre organisme. Dans certaines communautés, on offre des cours qui s'adressent spécialement aux adolescents en vue de les aider, par exemple des cours de contrôle du stress, d'autodéfense et de communication.

- Inscrivez votre nom sur des listes d'envoi: de votre comité local sur l'usage des drogues et de l'alcool, de l'association de parents et d'autres organismes engagés dans la lutte contre l'usage des drogues et de l'alcool.

Engagez-vous! Votre participation peut avoir un effet positif

- Aidez les adolescents dans leurs efforts pour créer un milieu social dont le centre d'intérêt n'est pas l'alcool ou la drogue. Engagez-vous dans l'organisation d'activités étudiantes lorsque le temps vous le permet. Appelez le directeur des activités de l'école et offrez votre aide. Associez-vous à d'autres parents d'une équipe sportive ou d'un club pour organiser une activité sociale après une partie ou une réunion. Participez aux groupes d'enseignants/parents, aux comités, etc.

- S'il n'y a pas de comité sur l'usage de l'alcool et de la drogue dans votre communauté, mettez-en un sur pied. Un groupe de parents actifs représente un outil puissant pour combattre l'usage de l'alcool et des drogues dans une communauté. Faites paraître une annonce dans le journal local décrivant le concept du comité et annonçant une rencontre organisationnelle. Ou appelez quelques personnes. Si vous trouvez une seule personne intéressée, c'est un bon début! Des centaines de communautés ont formé leur comité au cours des dernières années, souvent grâce à la détermination d'une seule personne. Communiquez avec un des organismes de l'annexe G pour avoir de plus amples renseignements.

- Soyez prêt à exposer au public un problème de drogue ou d'alcool négligé. Prenez contact avec le président du comité de parents, un membre du comité d'étude, un membre du conseil municipal, un législateur, le service de police, le journal local, etc.

- Une partie des efforts de prévention doit viser à réduire l'offre et la demande pour des drogues créant la dépendance. N'hésitez pas à faire signer des pétitions sur les questions qui vous préoccupent. Assistez aux audiences publiques des entreprises qui affectent les adolescents.

- Engagez-vous *avec votre adolescent* dans un projet communautaire visant à aider les autres. Les jeunes ont besoin non seulement de sentir qu'ils font partie de la communauté, mais aussi de donner d'eux-mêmes à l'extérieur des activités scolaires.

— REMARQUES POUR LES FAMILLES MONOPARENTALES —

Un parent efficace avant le divorce a toutes les chances d'être un parent efficace après le divorce. Les parents célibataires, même s'ils ont du succès, indiquent cependant qu'il y a de nouveaux facteurs à considérer après un divorce. En voici quelques-uns:

- ✔ La façon dont les parents se comportent lors du divorce peut intensifier la peur, l'anxiété, la culpabilité et d'autres problèmes reliés à l'identité qui sont déjà présents pour la plupart des adolescents normaux. La façon de l'exprimer est propre à chaque enfant, mais ce pourrait être à travers l'alcool ou les drogues.

- ✔ L'hostilité entre les parents divorcés peut traumatiser un adolescent. Si vous parlez en mal de votre «ex» devant votre enfant, vous risquez qu'il ait du ressentiment envers vous et qu'il perde le respect qu'il a pour *sa* mère ou *son* père. Vous diminuez peut-être également le respect que l'enfant a pour lui-même en tant qu'enfant d'un parent «bon à rien». Un manque d'estime de soi est souvent un facteur important dans la décision de l'enfant de prendre de la drogue.

- ✔ Lorsque les parents, divorcés ou mariés, ne s'entendent pas sur ce qu'ils attendent de leur adolescent (conduite, couvre-feu, etc.), l'enfant peut monter les parents l'un contre l'autre et obtenir ce qu'il veut. Le «syndrome de l'enfant qui contrôle» est habituellement intensifié par un divorce. Si les parents ne peuvent pas s'entendre entre eux, ils devraient penser sérieusement à consulter un conseiller familial.

Suggestions d'un couple divorcé

- Les deux parents doivent s'assurer que l'enfant les considère tous les deux comme des parents, plutôt que comme un parent qui s'occupe de la discipline et l'autre, des activités récréatives.

- Les deux maisons doivent fonctionner avec des règlements similaires. Une routine raisonnable avec des repas à des heures régulières, etc., aide à rassurer le jeune que ses parents sont capables de surmonter toutes les crises.

Suggestions d'un parent divorcé et d'un beau-parent

- Lorsque l'enfant a des problèmes

  — Un adolescent qui a des problèmes doit savoir que les *deux* parents se sentent concernés, qu'ils sont prêts à aider et capables de s'unir pour le défendre, peu importent leurs différends personnels.

  — Le parent qui a la garde de l'enfant peut quelquefois hésiter à parler ouvertement (ou même à avertir) un ex-conjoint en cas de problèmes, parce qu'il peut se sentir coupable, craindre les reproches ou une poursuite judiciaire concernant la garde de l'enfant. Bien que cela soit possible, soyez tout à fait honnête au sujet des problèmes, même si c'est pénible.

  — Regardez les faits comme ils sont et *recherchez* des solutions. Résistez à la tentation de blâmer l'autre pour des actes antérieurs.

  — Lorsque vous vous entendez sur une façon d'agir, appuyez la position de l'autre à cent pour cent.

- La participation des beaux-parents

  — Essayez de mettre de côté votre mécontentement ou le ressentiment que vous avez pour le beau-parent de votre enfant. Il ou elle fait maintenant partie de la vie de l'adolescent et, peu importent vos sentiments, doit y participer directement ou indirectement.

  — Un beau-parent aimé et respecté en tant qu'adulte (moins certains traits qu'un adolescent associe souvent aux parents) peut devenir un ami adulte pour votre enfant. En tant que tel, il ou elle peut avoir une certaine influence bénéfique.

  — Un beau-parent bien disposé peut, avec l'aide des deux parents, atteindre le coeur d'un problème et trouver une solution plus efficacement que l'un ou l'autre des parents.

  — Si le beau-parent s'engage de façon positive, faites-lui savoir que vous l'appréciez.

Suggestions d'une mère veuve

- Ne tombez pas dans le piège de tout faire pour votre enfant parce qu'il n'a plus de père.

- Aidez-le à organiser son temps libre avec des tâches à la maison, un travail et des activités.

- Ayez confiance dans les décisions que vous prenez concernant votre enfant. Vous le connaissez mieux que quiconque.

- *Soyez constant!* C'est probablement la chose la plus difficile quand vous êtes un parent célibataire. Vous êtes fatigué et c'est difficile de ne pas céder. Les jeunes adultes avec des problèmes de dépendance sont d'excellents manipulateurs.

Un grand pourcentage des enfants font partie d'une famille monoparentale dont le parent est une femme. Les parents célibataires, surtout les femmes, se sentent souvent coupables de ne pas être en mesure d'offrir tous les avantages d'une famille avec deux parents. La psychothérapeute Joan Herst écrivait ce qui suit dans une chronique du *Denver Post*, en réponse à une mère divorcée:

> Q: «Est-il vrai qu'un caractère fort provient de la présence d'un père?»
>
> R: «Pas du tout! C'est plus *facile* d'élever un enfant avec deux parents présents, mais cela n'a rien à voir avec le caractère.»

Mme Herst décrit la façon de former le caractère ainsi: «... en établissant des valeurs éthiques solides chez vos jeunes, en les aidant à se considérer comme des individus capables et en leur montrant par l'exemple que chaque personne est responsable de ses actes. Montrez-leur le *bon* exemple.»

— SUGGESTIONS POUR LES PARENTS* —

Lorsque votre adolescent sort pour la soirée

- Sachez avec qui il est et où il va. Dites-lui où vous serez. Tenez-vous mutuellement au courant des changements.

- Informez-vous sur le moyen de transport ou fournissez le transport pour aller et revenir du party, du concert, etc.

- Décidez de l'heure du retour et demandez à être avisé s'il y a un retard. Soyez réveillé au moment où il entre à la maison.

- Aidez-le à partir plus facilement d'un party. Dites à votre jeune et à ses amis qu'ils peuvent vous appeler (ou un autre parent désigné) pour aller les chercher lorsqu'ils en ont besoin, sans leur poser de questions. Incitez-les à vous appeler si les choses deviennent hors de contrôle.

---

* Compilées avec l'aide de l'organisme *Mountain Area Families In Action* (MAFIA), d'Evergreen (Colorado).

- Appelez le parent responsable de l'activité afin de vérifier les circonstances, l'endroit, la durée, la supervision, la politique sur l'alcool, etc. Si l'activité vous semble inappropriée, exprimez vos inquiétudes et proposez une autre activité.

Lorsque votre adolescent invite des amis pour l'après-midi ou la soirée

- Entendez-vous avec votre adolescent sur les règles: durée, nombre d'amis, où ils seront dans la maison, pas d'alcool ni de drogue.

- Déterminez ce qui arrivera avec un ami qui a de l'alcool ou de la drogue ou qui est sous l'influence de ces substances. Ne laissez pas conduire ou partir seule une personne dont les facultés sont affaiblies. Décidez de la façon d'accueillir une personne non invitée et indésirable.

- Préparez un endroit où les jeunes peuvent se rencontrer pour parler, regarder la télévision ou des vidéos, écouter de la musique, s'amuser à des jeux, etc. Ayez quelque chose à manger et à boire de disponible.

- Demandez à votre adolescent de vous présenter les amis que vous ne connaissez pas. Ensuite, soyez disponible et faites-vous voir de temps en temps, mais soyez TRÈS DISCRET pour le reste de l'après-midi ou de la soirée.

Heures suggérées

- Déconseillez aux adolescents de sortir les soirs de semaine sauf pour des activités scolaires, des événements communautaires ou des activités approuvées par des adultes.

- Les heures généralement acceptées pour la fin de semaine, sauf en cas d'événement spécial, comme une graduation, sont:

Sec. I	22 h 30
Sec. II	de 23 h à 23 h 30
Sec. III	de 23 h 30 à 00 h
Sec. IV	de 00 h à 00 h 30
Sec. V	de 00 h 30 à 1 h

En tant que parent d'un adolescent qui donne un party

Suivez les mêmes procédures que lorsque votre adolescent invite des amis, avec quelques ajouts:

- Gardez les parties petits et contrôlables: au plus, de 20 à 25 adolescents par couple d'adultes.

- Encouragez les parties «sur invitation seulement». Déterminez comment les coureurs de parties seront accueillis et par qui.

- Entendez-vous pour que les invités qui partent ne reviennent pas. Convenez d'autres règles comme les lumières allumées, les pièces qui sont hors limites, etc. Soyez vigilant pour l'alcool dissimulé, par exemple dans un buisson à l'arrière de la maison, etc.

L'argent

Le manque d'argent pour acheter de l'alcool ou des drogues ne dissuade généralement pas le consommateur régulier ou abusif. Si nécessaire, il volera de ses parents, de son employeur, de ses amis, etc. pour satisfaire ses besoins. Cependant, des fonds limités semblent dissuader les expérimentateurs et les consommateurs occasionnels. «Je suis cassé» est habituellement une excuse acceptable pour se soustraire à la pression du groupe.

L'argent peut provenir d'une allocation, de cadeaux et d'un revenu. Vous pouvez aider votre adolescent à établir des priorités réalistes dans ses dépenses afin que l'alcool et le *pot* soient loin sur la liste.

- Les adolescents ne devraient pas penser que leur argent sert seulement aux plaisirs immédiats, comme les parties, et que les nécessités sont payées par une autre personne. Déterminez quelles sont ces nécessités.

- Les parents doivent savoir combien d'argent possède l'adolescent et comment il le dépense. Vous pouvez demander à votre adolescent de tenir un livre ou, s'il est responsable, il peut avoir un compte avec chèques.

- Si vous donnez une allocation, spécifiez pourquoi. Vous pouvez donner de l'argent pour un usage spécifique d'un seul coup, qui peut être utilisé seulement à cette fin, plutôt que de l'inclure dans l'allocation hebdomadaire.

- Encouragez l'adolescent à économiser l'argent reçu en cadeau ou à l'utiliser pour quelque chose de spécial plutôt que de le dépenser comme argent de poche.

AUTRES ACTIVITÉS

Une façon de combattre la flânerie indésirable et les parties de bière est de favoriser vigoureusement d'autres activités imaginatives. Un programme d'activités à long terme, comprenant des activités extérieures plaisantes et appropriées, aura du succès si on encourage et développe ces habitudes à partir du *début* de l'adolescence. Encouragez la participation de leurs amis et offrez des moyens de transport et de financement. Les adolescents plus âgés nous disent que les principaux critères pour juger les activités extérieures sont: Est-ce que c'est *le fun*? Combien ça coûte? Qui d'autre y va? Comment on s'y rend et on en revient et combien *cela* coûte-t-il?

Ils nous disent aussi qu'une fois que l'alcool et la drogue sont devenus la norme acceptée, il y a un risque élevé qu'ils incluent leur drogue à des activités sociales non supervisées. Par exemple, partager un *pack de six* dans le stationnement avant un film, fumer un joint dans la remontée en ski, etc. Nos conseillers adolescents nous ont aussi fait remarquer que les parties avaient lieu généralement le vendredi et le samedi *soir* et que proposer des activités pendant le jour ne réglait pas le problème.

Voici quelques activités de rechange à considérer:

- Activités organisées par l'école (Consultez le guide de l'étudiant.)

  Participation active dans les sports • Assistance à des événements sportifs et autres • Danses et parties d'école • Clubs et activités d'intérêt particulier

- Sports et activités physiques à l'extérieur de l'école

  Ski • Natation • Ski nautique • Équitation • Quilles • Golf • Tennis • Volleyball • Badminton • Trampoline • Bicyclette • Patin (à glace et à roulettes) • Jogging • Pêche • Escalade • Camping • Chasse • Judo et karaté • Handball • Football • Culturisme • Ligues de sports récréatifs • Danse (toutes sortes) • Centres communautaires • Scouts/guides • Activités du YMCA/YWCA

NOTE: Prendre soin de sa forme physique décourage souvent la consommation de drogues.

- Peu importent vos convictions religieuses et vos préférences, plusieurs églises et organisations religieuses ont d'excellents groupes de jeunes qui offrent une variété d'activités. Vous n'avez pas à assister à la messe hebdomadaire pour que votre enfant en profite.

- Loisirs et spectacles

    Films • Centres commerciaux • Centres sportifs • Pièces de théâtre • Parcs d'amusement • Minigolf • Concerts • Cirques • Carnavals • Expositions • Sports professionnels • Clubs d'adolescents • Une partie de *Quelques arpents de pièges*, de *Backgammon*, etc.

NOTE: Les intérêts personnels ou les passe-temps, comme l'art, la musique ou la danse, font souvent partie des loisirs et des spectacles.

- Visite des grandes villes et des environs (Consultez un guide touristique. Plusieurs musées sont indiqués dans les pages jaunes sous «Musées».)

    Zoo • Jardins botaniques • Musées d'histoire naturelle • Planétarium • Visite d'usine • Sites historiques

- Les activités familiales sont aussi des activités de rechange. Chaque membre de la famille peut planifier une activité, inviter un ami, etc. Vous en serez peut-être récompensé: «C'est pas mal plus amusant que de se tenir en gang et de flâner. Je vais peut-être faire ça avec mes amis la semaine prochaine.»

- Associez-vous à d'autres parents, à des enseignants intéressés et à des entraîneurs pour organiser des activités de rechange qui rivalisent avec les parties de bière. Les adolescents *iront* à un party sans alcool s'ils ne veulent rien manquer.

    Exemples d'activités:

    Danse sociale • Rencontre après une joute ou une activité • Party du Nouvel An • Party avec thème (Saint-Valentin, etc.) • Barbecue • Collecte de fonds (lave-auto, bercethon, etc.) • Party de piscine

Un groupe désigné comme «un groupe d'étudiants participant à des activités de rechange» serait étiqueté comme non *cool* par le reste de la communauté étudiante. Il vaut donc mieux éviter ce genre d'appellation. Un groupe d'aide (argent, nourriture, supervision, idées, etc.) aux activités sociales étudiantes serait mieux vu. En améliorant et en facilitant les activités sociales existantes, parrainées par l'école et organisées par les étudiants, un tel groupe peut aider à attirer plus d'étudiants vers des activités de rechange sans alcool et sans drogues.

LAISSER ALLER

À la fin de leurs études secondaires, les jeunes devraient avoir atteint une autonomie raisonnable et être capables de prendre soin d'eux-mêmes la plupart du temps, émotivement, intellectuellement et financièrement. En gros, ils devraient être en mesure de diriger leur vie et de prendre des décisions adultes avec confiance et fierté. L'unique façon pour l'enfant d'accomplir ce processus est de se dégager activement et, pour les parents, de laisser aller graduellement.

Les conflits pendant cette période de séparation surviennent souvent parce que les parents exigent une obéissance aveugle et refusent de laisser leur adolescent penser par lui-même. La réaction d'un adolescent normal sera le plus souvent la colère, le ressentiment, la rébellion et même le désir de revanche. Ce dernier peut être à l'origine de l'usage précoce de drogues.

L'adolescence peut être un traumatisme plus douloureux pour les parents que pour l'adolescent, car le rôle de parent est une partie importante de l'identité de l'adulte. Ce ne sera pas le cas si les parents réalisent que le problème de laisser les enfants grandir nécessite une redéfinition de la façon d'exprimer l'amour et l'attention.

- Acceptez votre adolescent comme un homme ou une femme en devenir, avec une identité propre, et le droit de faire des choix à l'intérieur de certaines limites. Les adolescents ont droit à leurs propres sentiments et à leurs opinions.

- Résistez à la tentation de vivre votre vie uniquement pour vos enfants. Ne les accaparez pas de la responsabilité d'établir votre identité, votre sécurité et votre sens des valeurs.

- Acceptez que votre adolescent rejette temporairement, ou même de façon permanente, certaines de vos valeurs. Écoutez ses justifications.

- Essayez d'être rationnel. Le fait de reconnaître ses propres motivations en traitant avec les adolescents est ce qui différencie le parent qui contrôle la situation de celui qui n'a pas le contrôle.

- Encouragez et poussez votre adolescent à utiliser les principes de base d'une bonne prise de décision: exposer le problème, identifier les options, peser le pour et le contre de chaque option, choisir une solution et la respecter.

  Appuyez leur choix de façon constructive.

    Permettez-leur d'échouer.

    Aidez-les à tirer une leçon de leurs erreurs sans les critiquer ou sans vociférer des «Je te l'avais dit».

    Soyez disponible en cas d'urgence lorsqu'un jeune prend une mauvaise décision, mais ne vous précipitez pas constamment à son secours.

- Encouragez votre adolescent à développer des stratégies efficaces pour faire face aux événements et à les utiliser régulièrement pour confronter les questions déroutantes ou pénibles. Faites-lui savoir que les possibilités pour résoudre les problèmes sont illimitées. Assurez-vous que votre participation fait partie de la solution et non du problème.

- L'adolescent n'a plus besoin d'autant de soins et d'attention pour son confort physique. Plus vite les parents demandent à l'adolescent de s'occuper des soins physiques de base, plus vite il se sentira compétent dans d'autres domaines.

- Inspirez une plus grande compétence et une plus grande confiance en exigeant que votre adolescent prenne certaines responsabilités financières. Laissez-lui trouver l'article meilleur marché et le payer.

- Insistez régulièrement, en paroles et en gestes, sur le fait que votre amour est *inconditionnel*. Complimentez-le lorsqu'il réagit bien. Lorsqu'il échoue, félicitez-le d'avoir essayé et laissez-le recommencer.

- Reconnaissez que votre adolescent s'éloigne de vous comme enfant et essayez de refaire les liens à un niveau adulte. Partagez vos sentiments. Laissez votre enfant vous voir comme une personne consciente et ouverte au sujet de son passé, de ses complexes, de ses problèmes, etc.

CRÉER UN DÉFI PERSONNEL POUR L'ADOLESCENT*

Jamais dans toute l'histoire une société n'a autant donné à une génération sans rien demander en retour. Et plusieurs jeunes répondraient que c'est une partie du problème.

Si l'amour et l'attention se mesurent par ce qui est demandé et ce qui est donné, la société n'a pas été aussi généreuse envers cette génération qu'on le croit. Qu'est-ce qui manque? Les adultes sceptiques seraient surpris par les réponses de plusieurs jeunes: le manque de responsabilités stimulantes qui aident à développer le caractère, les valeurs et l'engagement dans la société.

* Tiré de «Young Americans Searching for Something of Their Own», du *Washington Post*, avec la permission de Dan Morgan.

Ralph W. Larkin, conseiller en sciences sociales et auteur d'articles et de livres sur la culture des jeunes, voit un désespoir caché chez les jeunes des années quatre-vingts: «La société produit le même genre de jeunes que dans les années soixante et soixante-dix. Ils ne sont pas très différents.»

Larkin ajoute: «Plus on s'éloigne des années soixante, plus c'est difficile pour les enfants d'envisager d'autres options. Ils sont encore pris avec le manque de signification de ce qu'ils font. Ils se voient dans des activités sans signification qui mènent à d'autres activités sans signification. Mais il n'y a plus d'autres options, de culture dissidente des jeunes. Alors ils font des compromis. Ils participent sans s'engager.»

Jamais une génération n'aura été tenue si bien à l'abri de la dure réalité économique. Les conditions pénibles de la pauvreté sont très loin des expériences des enfants de classe moyenne vivant dans les banlieues.

Des allocations généreuses et le développement soudain des emplois à temps partiel pour les adolescents dans l'industrie de la restauration et des magasins de détail dans les années soixante-dix ont mis plus d'argent dans les poches de ces jeunes gens que jamais auparavant. Ils le dépensent en automobiles, en stéréos, en vêtements et même en drogues.

Leur ennui semble relié à cette ironie: les enfants qui ont tout reçu, du moins plusieurs d'entre eux, n'ont pas eu la chance d'expérimenter la même chose que leurs parents: un combat significatif, un travail qui donne un certain but, même les sacrifices qui font que quelqu'un se sent indispensable.

Mais qu'est-ce qui arrive? Un pays riche et dynamique donne aux jeunes des avantages et des occasions extraordinaires et ils répondent en étant ennuyés ou, pis encore, en se disant opprimés. L'ahurissement des parents est bien résumé par ce père de race noire qui s'est lui-même battu pour sortir de sa pauvreté et vivre dans une banlieue de classe moyenne. Il ne pouvait comprendre le manque de motivation de son fils à l'école. Un ami lui donna une réponse intrigante: «Il n'a peut-être pas eu les mêmes *avantages* que toi.»

En d'autres mots, les efforts pour surmonter les obstacles, le travail, la discipline, les buts, tout cela manque aux jeunes d'aujourd'hui. De plus en plus d'experts en sont convaincus.

Un comité américain chargé d'étudier le pour et le contre d'un système de service civil concluait en 1979 «qu'on exigeait très peu des jeunes à part qu'ils consomment des biens et des services... Toute une industrie dessert les jeunes pour leurs activités scolaires, leurs loisirs et bien d'autres produits, mais il existe bien peu d'occasions pour les jeunes de produire des biens et de servir les autres.»

5.
Intervention

— OÙ COMMENCE L'INTERVENTION? —

À l'école?

Bien que les écoles du Québec n'aient pas de politique disciplinaire concernant les drogues et l'alcool, il existe des politiques générales qui indiquent les mesures à prendre dans de telles circonstances. Il ne s'agit pas de mesures disciplinaires — on se réfère à la police lorsqu'elles sont jugées nécessaires — mais bien de mesures de prévention et d'intervention.

Les écoles doivent d'abord aider à *identifier* les enfants qui abusent des substances nocives. Le traitement doit revenir à des professionnels. Toute mesure doit viser à corriger la situation; la discipline est secondaire. Certains moyens d'intervention peuvent être entrepris au niveau de chaque école:

- Former des enseignants pendant les heures de travail pour leur montrer comment reconnaître les symptômes d'un étudiant qui prend de la drogue et dont les résultats scolaires s'en ressentent, et comment traiter cet étudiant.

- Désigner une personne spécifique dans l'école (par exemple l'infirmière) qui sera la personne-ressource pour les étudiants, le personnel et les parents. Fournir à cette personne la formation appropriée et une liste des ressources disponibles.

- Établir un programme de prévention efficace chez les étudiants.
- Développer un système pour conscientiser et éduquer les parents.
- Établir une procédure pour dénoncer et prendre les mesures appropriées envers les jeunes que l'on soupçonne de consommer de la drogue. (Une telle procédure peut être difficile à établir parce que les enseignants et les administrateurs veulent éviter les représailles des parents.)
- Former un groupe de soutien volontaire pour les étudiants qui ont été en centre de traitement ou qui reçoivent d'autres sortes de traitements.
- Former des équipes d'intervention compétentes avec les enseignants, les conseillers et les entraîneurs.
- Appuyer les comités d'étude sur l'alcool et les drogues, les groupes de parents, les programmes visant à dissuader les étudiants de mélanger alcool et volant, les groupes d'étudiants luttant contre les drogues, etc.

À la maison?

Plusieurs adolescents qui prennent de l'alcool, de la marijuana et d'autres drogues le font à l'extérieur de l'école et des activités scolaires supervisées. Durant la fin de semaine, l'usage de drogues est particulièrement fréquent. Les parents doivent donc s'apercevoir de l'usage de substances chimiques avant que cela ne se produise à l'école. Pourtant, plusieurs parents sont portés à nier le fait que leur adolescent prend de la drogue jusqu'à ce que les problèmes à l'école les forcent à le reconnaître.

Une fois que les parents savent que leur adolescent consomme une substance illégale, ils doivent évaluer le niveau d'utilisation. Est-il un expérimentateur, un consommateur régulier ou abusif? Y a-t-il dépendance? Cette enquête peut nécessiter de parler avec les amis de l'adolescent, d'autres parents, des professeurs, des conseillers, etc., et de fouiller la chambre, la voiture et les objets personnels du jeune.

Les fouilles peuvent être particulièrement pénibles pour les parents à cause du droit de l'enfant à l'intimité et à la confiance. Toutefois, une fouille dans ces circonstances est permise puisqu'elle est considérée comme un outil de diagnostic, au même titre qu'une radiographie. Les risques potentiels pour la santé, si rien n'est fait contre la consommation abusive de drogue, sont trop grands pour laisser le protocole entraver le diagnostic.

Une fois que l'usage de la drogue est connu, c'est la responsabilité des parents d'intervenir. L'intervention peut nécessiter des mesures plus sévères à la maison, la consultation d'un professionnel ou même d'une thérapie. Si les parents n'interviennent pas, l'usage peut progresser jusqu'au point de devenir destructeur, non seulement pour l'adolescent, mais pour toute la famille. Un autre facteur à considérer est la responsabilité légale des parents pour les actions de leur adolescent qui boit ou qui prend de la drogue. Un incident malheureux entraînant des poursuites judiciaires pourrait causer bien des torts à une famille.

QUAND ET COMMENT LA CONSOMMATION DEVIENT-ELLE DE L'ABUS?

Beaucoup de gens se demandent quelle différence il y a entre «consommation» et «abus». Par exemple, un adolescent qui prend du *pot* ou de la cocaïne (drogues illégales) de temps en temps ou un jeune de 17 ans qui prend de l'alcool (une drogue légale) modérément, mais illégalement, sont-ils des criminels ou des consommateurs abusifs? Dans les deux cas il s'agit d'abus, même s'ils ne tombent pas dans la catégorie de l'abus dans la pyramide (voir illustration à la page 120).

La plupart des experts médicaux définissent l'abus comme le mauvais usage d'une substance. Selon cette définition, la consommation d'une substance *illégale* est de l'abus, même une seule fois. De la même façon, la consommation non appropriée d'une substance légale, comme l'alcool et des médicaments prescrits, est considérée de l'abus. L'abus réfère aussi à une substance qui affecte les fonctions physiques, émotives ou mentales. Ainsi, la consommation de *n'importe quelle* drogue par un adolescent (autre que la nicotine, la caféine, les médicaments prescrits et l'utilisation légitime de médicaments non prescrits) est considérée comme «un abus de drogue par un adolescent».

Ceci peut alarmer certains parents qui ne veulent pas appeler leur adolescent «un peu fêtard» un consommateur abusif. Ils préfèrent réserver les termes «expérimentateur», «régulier» et «abusif» pour décrire les niveaux d'utilisation de substances chimiques par les adolescents. (L'annexe D présente un tableau indiquant les niveaux d'abus de drogues par les adolescents.) La pyramide ci-dessous indique la fréquence d'utilisation afin d'aider les parents à situer le comportement de leur adolescent envers les drogues en utilisant leur terminologie.

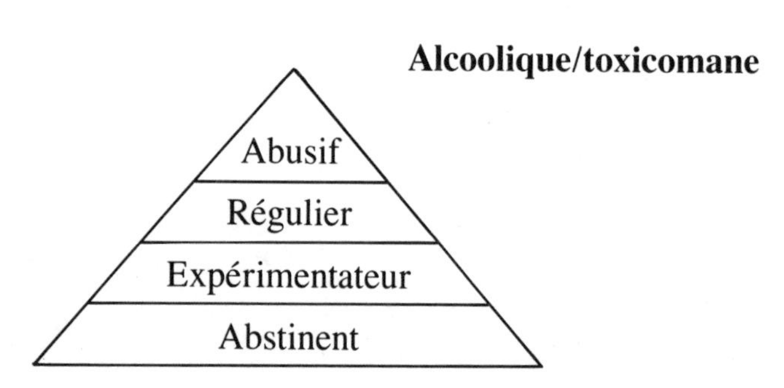

Le jeune abstinent. — L'adolescent abstinent ne consomme jamais d'alcool ni de drogues, un point c'est tout. La majorité des élèves du primaire sont dans cette catégorie.

Le jeune expérimentateur. — Les adolescents sont curieux par nature et ils veulent essayer plusieurs choses, dont l'alcool et les drogues. Ils veulent en connaître les effets et les réactions. Une part du plaisir est d'agir en adulte et de désobéir aux parents. Il y a au moins trois catégories d'expérimentateurs.

- Certains jeunes essaieront quelquefois pour le plaisir et, comme ils ne sont pas particulièrement intéressés, retourneront au niveau des abstinents.

- D'autres jeunes peuvent aussi essayer et ne pas aimer ça. Cependant, ils continuent à en prendre à cause de la pression du groupe ou d'autres facteurs de motivation jusqu'à ce qu'ils atteignent le niveau des consommateurs réguliers.

- Il y en a d'autres qui essaient et qui AIMENT ÇA. Ils développent peu à peu une tolérance à la drogue, car plus ils en prennent, moins ils ont d'effet pour chaque dose. Graduellement, ils commencent à utiliser la drogue plus souvent et en plus grande quantité. Cependant, certains des expérimentateurs peuvent essayer une substance seulement une fois ou deux et devenir presque instantanément des consommateurs enthousiastes abusifs ou même dépendants. Certains cas de dépendance se développant rapidement ont été rapportés avec le crack ainsi qu'avec d'autres substances.

Le consommateur régulier. — L'usage est un terme général signifiant la prise volontaire d'une substance sous n'importe quelle forme pour la curiosité, le plaisir, l'automédication (pour diminuer la douleur ou la tension) ou pour fuir un environnement, des conflits ou des sentiments déplaisants.

- Certains adolescents continuent leurs expérimentations en buvant de la bière ou en fumant du *pot* occasionnellement, habituellement la fin de semaine avec des amis. À cette phase, ils peuvent en prendre ou non. Ça n'a pas beaucoup d'importance pour eux. Ce type d'expérimentateur, aussi appelé consommateur récréatif ou social, est quelquefois comparé au buveur social adulte qui prend de l'alcool à l'occasion dans les soirées.

- Le consommateur plus régulier prend de la drogue toutes les fins de semaine. Il se soûlera ou se gèlera de temps en temps. Certains adolescents commencent, à cette étape, à essayer des drogues plus fortes, comme la cocaïne. Les consommateurs réguliers peuvent se contenter d'en consommer la fin de semaine ou jusqu'à ce qu'ils aient des problèmes (arrestation pour conduite avec facultés affaiblies ou possession de drogue) et qu'ils examinent les risques et les avantages qui s'ensuivent. Dans certains cas, ce sont les parents qui provoquent la remise en question.

Le consommateur abusif. — Au contraire, l'adolescent peut progresser vers une consommation plus régulière qui commence à tourner en préoccupation. Ceci peut inclure:

- Se soûler ou se geler toutes les fins de semaine. L'attitude se résume à: «La fin de semaine, c'est fait pour s'éclater.»

- Se réveiller le lundi matin et penser tout de suite à la fin de semaine prochaine.

- Commencer la fin de semaine le jeudi, ensuite le mercredi, etc.

- Considérer les après-midi et les soirs d'école comme la fin de semaine et comme un bon temps pour fêter ou sortir.

- Trouver une justification pour boire ou prendre de la drogue seul, montrer des signes et des symptômes d'alcoolisme ou de dépendance (voir l'annexe C) et utiliser des drogues plus fortes.

- À un certain moment, l'adolescent peut voir la vie comme une suite infinie de fins de semaine. Les substances chimiques seront utilisées n'importe où et n'importe quand: la fin de semaine, la semaine, au travail, avant l'école, après l'école et pendant l'école. Lorsque cette phase est atteinte, l'usage devient assez apparent et un problème de dépendance peut se développer. L'école s'apercevra peut-être que l'étudiant consomme de la drogue, mais plusieurs consommateurs abusifs sont très astucieux et ingénieux. Si les parents ne s'en aperçoivent pas, l'école ne s'en apercevra peut-être pas non plus.

Alcoolique/toxicomane. — Un adolescent qui consomme de façon abusive n'est pas nécessairement un toxicomane ou un alcoolique s'il peut arrêter lorsqu'il le veut. Le mauvais usage ou l'abus d'un toxicomane est incontrôlable, peu importent les conséquences. La toxicomanie est la dépendance et elle entraîne presque inévitablement les mêmes conséquences physiologiques et psychologiques. La toxicomanie n'est pas nécessairement déterminée par la détérioration, même si elle est considérée comme une maladie (tel l'alcoolisme). Elle est plutôt diagnostiquée lorsque le consommateur a un désir constant et un besoin physique pour une substance, lorsqu'il requiert des quantités croissantes pour obtenir le même effet et lorsqu'il a des symptômes de manque si la consommation est interrompue. Des découvertes récentes démontrent que plusieurs consommateurs de crack répondent à ces critères (dépendance, tolérance et manque) après quelques minutes ou quelques heures d'usage. D'autres substances peuvent aussi créer la dépendance presque instantanément.

— SIGNES QU'IL Y A CONSOMMATION — DE DROGUE*

Le groupe d'amis qui se droguent

Avec qui votre adolescent s'associe-t-il? Ses amis correspondent-ils aux critères de la liste de symptômes? Nous savons tous, que nous le voulions ou non, que le groupe est une indication importante du style et du cadre de référence de l'adolescent. *Vous pouvez influencer le choix du groupe d'amis de votre adolescent!*

* Reproduit avec la permission de M. Tom Brewster, directeur adjoint au Service de recherche et de traitement en toxicomanie du Centre de santé de l'Université du Colorado.

Les changements de comportement

Les adolescents sont habituellement dans un état de changement constant. Les «changements symptomatiques» sont différents. Ces changements sont définis comme des changements draconiens d'humeur ou de tempérament, tels que d'ouvert à secret, de bruyant à tranquille, d'heureux à déprimé, d'énergique à amorphe, etc.

La perte d'intérêt dans les activités régulières

Les «activités régulières» comprennent les passe-temps ou les activités sociales que l'adolescent a l'habitude d'apprécier. S'il y a une perte d'intérêt soudaine pour les activités normalement appréciées, soyez vigilant!

Les changements dans l'apparence physique

Une perte ou un gain de poids important ne devrait pas être négligé. Une perte de couleurs ou un «air malade» sont aussi des signes avertisseurs.

Les accessoires de drogue

Les gens qui prennent de la drogue peuvent avoir une grande variété d'accessoires conçus soit pour fumer de la marijuana, soit pour priser de la cocaïne ou injecter de l'héroïne. Si vous trouvez de tels articles, vérifiez ce qui se passe.

L'isolement de la famille

L'adolescent qui devient renfermé, morose, secret, qui reçoit des téléphones à des heures bizarres, qui commence à voir des amis que vous ne connaissez pas et qui s'isole tout simplement démontre un comportement anormal qui doit être pris en considération.

Les résultats scolaires faibles

La consommation de drogue est presque toujours accompagnée par de faibles résultats scolaires. Cela inclut les retards, les absences, les notes faibles, le changement du groupe d'amis, le changement d'attitude envers l'école.

La perte de contrôle par les parents

Même s'il est sain pour un adolescent de rejeter l'autorité parentale lorsqu'il recherche son indépendance, ce n'est pas le cas pour les parents qui perdent le contrôle. Si votre enfant essaie de nier votre contrôle, soyez attentif!

Le vocabulaire de la drogue

L'utilisation de mots associés à la drogue, ou le «langage de la rue», peut être une indication de l'influence antisociale d'un groupe d'amis. Soyez à l'écoute de votre enfant.

La disponibilité de la drogue

Les parents qui boivent de l'alcool ou qui prennent d'autres drogues (marijuana) laissent parfois traîner ces substances dans la maison. Même s'il est difficile, voire non recommandé, de cacher l'alcool, les parents doivent s'assurer de ne pas laisser de drogue à la disposition de leurs enfants.

— L'ADOLESCENT AVEC DES PROBLÈMES — D'ALCOOL COMPARÉ AUX AUTRES

Dans une étude* portant sur le développement des problèmes de comportement chez les jeunes, il fut démontré que les

* Les résultats de cette étude ont d'abord paru dans le quatrième rapport spécial du *National Institute on Alcohol Abuse and Alcoholism* présenté au Congrès américain.

caractéristiques énumérées ci-dessous sont liées de façon significative à la transition de l'adolescent du niveau d'abstinent à celui de buveur.

Les facteurs reliés aux parents

- Les parents s'occupent moins d'eux.
- Les parents sont moins positifs et moins affectueux.
- Les adolescents tiennent à l'autodétermination et à l'autonomie par rapport à leurs parents.
- Ils ne sentent pas beaucoup de désapprobation de la part de leurs parents au sujet de l'alcool.
- Les parents sont eux-mêmes de gros buveurs.
- Les adolescents voient une plus grande divergence entre les attentes de leurs parents et les attentes de leur groupe d'amis.

Les facteurs reliés au groupe d'amis

- Les adolescents sont plus influencés par leur groupe d'amis que par leurs parents.
- Ils ont plus d'amis qui ont des problèmes d'alcool et d'autres problèmes de comportement.
- Leur consommation d'alcool est approuvée par leurs amis.

Les facteurs reliés à l'école

- Ils accordent peu d'importance aux résultats scolaires.
- Ils s'attendent à moins de succès scolaire.

Les autres facteurs

- Ils sont plus tolérants des écarts.
- Ils accordent moins d'importance à la religion.
- Ils estiment que les aspects positifs de la consommation d'alcool surpassent les aspects négatifs.

— ACTIONS POSSIBLES SUGGÉRÉES —

Malheureusement, la prévention parentale n'est pas toujours efficace à cent pour cent. Comme le constate Tom Brewster, directeur adjoint au Service de recherche et de traitement en toxicomanie du Centre de santé de l'Université du Colorado: «Même dans une famille saine où les liens entre les parents et les enfants sont positifs et basés sur l'amour et l'attachement, les relations ne peuvent jamais être parfaites. L'adolescent peut quand même vouloir essayer la drogue, expérimenter et se rebeller.» Une fois que les parents découvrent que leur enfant prend de la drogue, plusieurs approches peuvent s'avérer efficaces pour traiter le problème. Les parents ont le pouvoir et la responsabilité d'intervenir dans l'usage et l'abus que leur adolescent fait des drogues. Cependant, ils ont besoin de confiance et d'assurance pour changer le comportement de leur enfant.

Selon M. Brewster, il n'existe pas de recette miracle pour réagir lorsqu'un membre de la famille est impliqué dans la drogue. Les suggestions qui suivent sont seulement des approches possibles.

✓ *Accepter la possibilité.* — Malgré toutes les évidences, il est difficile d'accepter que son enfant prenne de la drogue. La plupart des enfants en essaient de temps à autre. À 16 ans, 40 pour cent des jeunes ont déjà essayé la marijuana ou le haschich. Quand la moitié des jeunes de 15 à 19 ans boivent de l'alcool régulièrement — deux fois par mois ou plus — il y a de fortes chances que votre adolescent en fasse partie.

Même si l'expérimentation peut dénoter un développement sain, elle peut aussi conduire à l'abus, aux problèmes psychologiques et familiaux, etc.

- ✔ *Communication ouverte.* — Les familles fonctionnent bien souvent de façon à répondre aux crises c'est-à-dire qu'elles utilisent une «gestion» qui vise à guérir plutôt qu'à prévenir. Il s'agit d'un fonctionnement basé sur la réaction et il est habituellement dû à une communication déficiente. Par conséquent, lorsqu'un problème comme celui de la drogue surgit, c'est la crise. Il est donc très important de discuter des problèmes tôt, de ne pas les cacher ni les garder pour soi-même.

- ✔ *Faire face aux problèmes.* — Bien sûr, c'est difficile. Mais quelqu'un doit commencer et la meilleure façon est de discuter des problèmes. Cela peut se faire entre les parents, entre l'enfant et un parent ou avec toute la famille. L'important, c'est d'en discuter!

GUIDE DE DISCUSSION

Soyez flexible lorsque vous abordez votre adolescent. Comprenez bien qu'il sera mal à l'aise et possiblement rebelle lorsque vous lui parlerez de drogues. À moins d'avoir des preuves concrètes, ne l'accusez pas; faites-lui plutôt savoir que vous êtes inquiet. Les accusations finissent souvent par la négation. Parlez de vos inquiétudes personnelles. Essayez de garder la discussion à un niveau raisonnable. Les crises émotives ou coléreuses, les jugements et les insultes ne servent qu'à couper prématurément la communication entre les parents et les enfants. L'objet de la discussion est son *comportement* et non son *caractère!* Vous voulez qu'il sache que même si vous n'êtes pas d'accord avec ses actions, vous l'aimez toujours.

Discussion amorcée par les parents

Créez des occasions pour discuter ouvertement avec votre adolescent. Osez discuter de l'expérimentation. Voici quelques suggestions qui pourront stimuler vos propres idées sur la façon d'amorcer une telle conversation.

OBJECTIF: Exprimer votre inquiétude sans accuser.

> «J'ai entendu parler de toutes sortes de choses à propos des jeunes à l'école. Parfois je m'inquiète de toi et de tes amis à cause de toute cette pression. Ça doit être tout un défi de ne pas se laisser tenter...»

> «Il y a tellement de tragédies qui concernent les jeunes, l'alcool et les drogues! Je suis terrifié quand je pense que quelque chose pourrait t'arriver à toi ou à tes amis. Je ne veux pas gâcher ton plaisir, mais je suis tellement inquiet à ton sujet. Je ne voudrais pas que tu sois tué dans un accident bête. Je t'aime trop!»

OBJECTIF: Encourager les jeunes à agir de façon responsable, même s'ils ont déjà fait quelque chose d'irresponsable. Leur faire savoir que vous êtes toujours là pour les aider, même si vous n'approuvez pas la situation.

> «Je ne veux pas que tu boives et que tu prennes de la drogue ou que tu sortes avec des jeunes qui en prennent. Tu sais ce que j'en pense. Mais je réalise que quelque chose d'imprévu *pourrait* arriver. Si cela se produit, ne panique pas, appelle-moi ou prends un taxi. Il y a toujours 20 $ sous le vase bleu.»

> «Appelle-moi si un de tes amis a des problèmes. Je ne voudrais pas que quelque chose lui arrive.»

> «Tu as fait preuve d'un bon sens des responsabilités avec ______________________ et je m'attends à ce que tu fasses la même chose avec ____________________ maintenant. Si tu fais une erreur, il vaut mieux la réparer tout de suite que la continuer.»

OBJECTIF: Encourager l'adolescent à voir les situations d'un autre point de vue, ce qui l'aide à considérer les autres dans ses jugements.

> «Je trouve ça triste de voir des enfants dont les parents ont des problèmes d'alcool ou de drogues. Qu'est-ce que tu penserais si j'arrivais à la maison gelé ou ivre? C'est terrifiant de voir quelqu'un qu'on aime chancelant, incohérent dans ses paroles, malade ou tout simplement déplaisant et méchant.»

> «Ça me fait de la peine pour ce pauvre jeune qui... Comment te sentirais-tu si tu blessais grièvement ou si tu tuais quelqu'un alors que tu étais totalement ivre ou gelé?»

NOTE: Une position rigide ou autocratique provoquera souvent chez l'adolescent normal une réaction de rébellion et un comportement négatif.

Discussion amorcée par l'adolescent*

Scénario: Votre adolescent vous dit qu'un de ses amis a essayé du *pot* et lui a demandé d'en faire autant. Que faire?

- Essayez d'obtenir le plus d'information possible, sans en avoir l'air, sans faire un interrogatoire policier. Évitez d'accuser votre adolescent d'avoir participé, mais gardez à l'esprit qu'*il a peut-être essayé.* Ne le jugez pas sur-le-champ et ne soyez pas injuste envers ses amis. Si vous le soupçonnez immédiatement, vous bloquerez peut-être la communication sur le sujet. Ne paniquez pas et n'exagérez pas! Votre enfant n'a peut-être rien fait de mal. Le fait de vous en parler est un signe positif. Encouragez votre adolescent à en discuter.

---

* Le matériel d'origine pour ce sujet a été élaboré par le comité d'étude CAP, le docteur Kenneth H. Ash et M. Armon Johannsen, de Fort Collins (Colorado).

- Portez attention à vos propres sentiments tout en écoutant. Êtes-vous confus? Perdu? En colère? Triste? Il est habituellement, mais pas toujours, bénéfique de retenir ses propres sentiments jusqu'à ce que 1. vous compreniez parfaitement ce que votre enfant dit et ressent, et 2. vous sachiez comment exprimer vos sentiments et vos pensées. L'adolescent a besoin de savoir que vous êtes intéressé à comprendre ce qui lui arrive et comment il *se sent* par rapport à cette question.

- Pendant que vous écoutez, essayez de découvrir *pourquoi* votre enfant vous raconte cela. Il peut y avoir plusieurs raisons:

  — Votre enfant a peur de manquer de contrôle et il veut que vous lui imposiez des limites.

  — Votre enfant a besoin de renseignements sur les effets ou les conséquences de prendre de la drogue.

  — Votre enfant ne ressent pas le besoin d'essayer. Il veut tout simplement que vous appuyiez la limite qu'il s'est déjà fixée.

  — Votre enfant ne veut pas essayer, mais il a peur de dire non à ses amis. Il a besoin d'aide pour ne pas céder à la pression.

  — Votre enfant a réglé le problème par lui-même et il veut que vous le sachiez afin de le féliciter.

- Avant de donner vos conseils et vos limites, essayez de savoir ce que votre enfant compte faire à ce sujet. Laissez-le peser le pour et le contre des différentes options et discutez ensemble de la façon de traiter les conséquences possibles.

- Décidez quelle sera votre position sur le sujet. Une fois que vous avez écouté votre adolescent attentivement *et* que vous avez fait le point sur vos pensées et vos sentiments, vous êtes tout à fait prêt à décider ce que vous voulez faire ou ce que vous devez faire. Voici quelques exemples:

— Votre adolescent a la situation bien en main et pense à faire la bonne chose. Donc, tout ce que vous désirez c'est d'appuyer son bon jugement et sa maturité.

— Votre adolescent ne voit pas certaines choses ou il manque d'information sur certains points. Vous lui direz donc ce que vous savez ou vous lui suggérerez des moyens pour augmenter ses connaissances.

— Vous pensez qu'il y a une meilleure solution que celle choisie par votre adolescent. Vous croyez que certaines choses sont nécessaires pour corriger la situation. Vous lui direz donc respectueusement le pourquoi et le comment.

— Vous croyez fermement que les actions que votre jeune compte prendre sont inacceptables. Vous devez donc lui dire que vous ne le permettrez pas, et pourquoi.

— En tant que parent, vous sentez le besoin immédiat d'imposer certaines limites ou d'exposer des conséquences spécifiques.

- Que vous deviez faire une intervention plaisante, en disant à votre enfant que vous respectez sa décision ou une intervention déplaisante, en lui exposant les conséquences précises d'un comportement indésirable, vous voudrez probablement faire ce qui suit:

— être clair et précis dans vos pensées et vos sentiments et sur la façon dont vous êtes arrivé à ces conclusions;

— exprimer clairement vos propres attentes concernant ce que votre enfant fera, avec qui et quand;

— faire comprendre à votre adolescent que vous êtes disponible pour l'aider de la façon qu'il jugera appropriée. Cela peut signifier l'aider à dire «non» ou parler à l'ami en question. Prenez connaissance du chapitre 7, «Réservé aux jeunes», de ce livre;

— vous assurer que votre enfant comprend bien les conséquences et les limites que vous imposez pour certains comportements inacceptables bien précis.

LE CONSOMMATEUR «SOCIAL»

Un grand pourcentage des adolescents font usage de l'alcool ou de la marijuana socialement. Lorsque vous découvrez que votre enfant en fait partie, cela peut être alarmant.

Vous êtes inquiet et désappointé parce que votre enfant a dépassé le niveau de l'expérimentateur curieux. Mais vous êtes soulagé qu'il soit seulement un consommateur social et qu'il ne prenne pas de drogue ou d'alcool de façon abusive. Vous pouvez choisir de considérer cette consommation sociale comme une phase de l'adolescence. Vous réalisez cependant qu'il s'agit d'une étape dangereuse, qui pourrait finir brusquement à cause d'une *overdose* ou d'un accident causé par l'alcool. Il peut en sortir vivant, mais handicapé physiquement, mentalement ou émotivement. Vous vous demandez s'il ne fera pas un mauvais coup et ne se retrouvera pas avec un dossier judiciaire pour le reste de sa vie. Vous admettez également que toute utilisation d'une drogue illégale est un crime passible de punition selon la loi et que même l'alcool est considéré illégal pour les mineurs.

Si vous avez découvert que votre adolescent consommait socialement en le voyant revenir à la maison gelé ou ivre, vous devriez probablement vous demander s'il s'agit vraiment d'une consommation sociale ou si c'est un signe d'un usage plus avancé. (Consultez le teste de conscience pour les parents à l'annexe B.) De la même façon, vous devez vous demander si l'adolescent n'a pas fait exprès, consciemment ou inconsciemment, pour se faire prendre afin de vous demander indirectement de lui donner des limites précises pour l'aider à affronter l'énorme pression du groupe.

La plupart des parents reconnaissent que l'alcool et les drogues sont très répandus dans le milieu des adolescents et qu'ils ne peuvent pas isoler efficacement ou retirer totalement leur enfant de ce milieu. QUE FAIRE?

Commencez par considérer quelques options.

- ✓ Ne rien faire. Garder les bras croisés et souhaiter que votre enfant n'ait pas à souffrir de répercussions graves.

- ✓ Exiger qu'il cesse immédiatement, menacer de punir sévèrement toute désobéissance et le faire s'il récidive. Cela *peut* résoudre le problème efficacement ou cela peut simplement avertir votre adolescent qu'il doit être plus prudent. Seul une surveillance constante, un test d'haleine ou une analyse d'urine peut prouver que votre enfant continue à prendre des drogues, à moins qu'il ne rentre à la maison complètement ivre ou sentant l'alcool ou la marijuana.

- ✓ Accepter le fait que votre adolescent est présentement un consommateur social et que vous ne pouvez surveiller en tout temps s'il prend ou non de la drogue socialement. Sans condamner ces actes illégaux (qui sont irresponsables), insistez sur les principes de base d'un usage responsable: Être conscient de ses limites et les respecter. Ne pas mêler alcool et volant. Ne pas mélanger l'alcool et la marijuana. Lorsque l'adolescent consomme des substances nocives de façon irresponsable et que vous le prenez sur le fait, punissez-le *sévèrement.* Cette approche est souvent utilisée par les parents dont les adolescents prennent seulement de l'alcool.

Avant de décider d'une option à prendre, vous devez discuter avec votre adolescent. N'oubliez pas les principes d'une bonne communication et ne discutez pas lorsqu'il est sous l'influence de la drogue. Vous ne voulez pas non plus qu'il soit sur la défensive. Vous voulez favoriser une communication ouverte, honnête et mutuelle sur un sujet très difficile.

Vous pouvez commencer sur une note optimiste en disant à votre enfant que vous avez une bonne perception de sa personne, de ses qualités, de ses atouts, etc. Insistez sur le positif! *Ensuite,* décrivez le problème des «parties» comme vous le voyez et encouragez-le à partager sa façon de voir les choses. Bert Singleton, directeur principal de l'organisme des Grands Frères aux États-Unis, suggère quelques points à considérer. Ceux-ci peuvent être utiles à n'importe quel niveau de consommation.

- Pour amener un changement de comportement, partez d'un point d'entente initial. Vous devez vous entendre pour travailler ensemble et ne pas établir une relation polarisée.

- Faites attention, en favorisant un changement de comportement, pour ne pas augmenter la crainte, l'anxiété, la colère, etc., de l'enfant. Une anxiété aiguë amène les enfants à arrêter le processus d'apprentissage logique. Un adolescent en colère ou craintif ne refusera pas seulement de vous écouter, mais il pourrait aussi augmenter sa consommation de drogues.

- Pour changer, toute personne a besoin d'un système de soutien actif. Les amis, la famille, les voisins doivent être présents pour l'adolescent sinon le changement ne se produira pas. Trop souvent, le soutien à la maison est négatif et empêche ainsi le progrès.

- Il est plus facile de changer lorsque le changement est gratifiant. Ajoutez un élément nouveau dans la vie de votre adolescent avant d'y enlever quelque chose. Par exemple, en même temps que vous lui demandez de restructurer sa vie sociale, encouragez-le à développer un nouvel intérêt (par exemple, le sport, la guitare, la danse, le karaté, etc.).

- Établissez des objectifs intermédiaires plus faciles à atteindre.

- Il est plus facile d'amorcer un changement que de le maintenir, mais il faut à tout prix le maintenir. Encouragez les changements et assurez-vous qu'ils sont à long terme.

- Lorsque vous discutez de la drogue avec votre adolescent, présentez les deux côtés de la médaille: d'abord son côté avec les avantages, ensuite le vôtre avec les désavantages. Gardez un esprit ouvert et faites comprendre à l'enfant que vous savez qu'il y a d'autres points de vue que le vôtre.

- Récompensez l'adolescent qui fait des efforts pour changer. Modifier un style de comportement est très difficile et requiert beaucoup d'attention. Ce processus est d'abord mis en valeur par les récompenses des parents. Ensuite, au fur et à mesure que l'adolescent progresse, il trouvera des gratifications dans le changement.

- Recherchez l'élément qui a déclenché la consommation de drogue. Un ami? Une situation particulière?

- Modifiez l'horaire régulier afin de briser les habitudes. Par exemple, si un adulte fume toujours en regardant la télévision dans son fauteuil préféré, il devrait regarder la télévision assis sur le divan dans son effort pour arrêter de fumer. Si votre adolescent a de la difficulté avec les parties de fin de semaine, organisez des activités familiales irrésistibles qui lui offriront une bonne distraction la fin de semaine.

- Une personne doit avoir de bonnes raisons pour être motivée à changer ses habitudes. Vous pouvez seulement créer un environnement propice au changement. *Vous ne pouvez pas changer la personne.* Elle doit le vouloir elle-même.

- Les adolescents doivent voir leurs parents comme des alliés. Les parents et les adolescents doivent régler les problèmes ensemble. Ainsi, l'adolescent doit réaliser que ses parents veulent aussi changer certaines habitudes et certains traits moins désirables.

- Comprenez que l'adolescence est un temps de distanciation. Les parents peuvent se battre pour garder le contrôle et gagner, mais cela empêche l'adolescent de réaliser une fonction nécessaire de l'adolescence — se détacher de ses parents en tant qu'enfant et renouer avec eux en tant qu'adulte. Les parents peuvent gagner la bataille, mais perdre la guerre!

LE CONSOMMATEUR ASSIDU

Scénario: Mathieu a 15 ans et il est en secondaire IV. Son meilleur ami a été suspendu de l'école parce qu'on a trouvé de la marijuana dans sa voiture et dans son casier. Mathieu obtient des D et des F alors qu'il pourrait obtenir des A et des B. Il a laissé tomber l'athlétisme et d'autres activités scolaires. Ces facteurs et certaines autres preuves indiquent que Mathieu est impliqué dans la drogue.

Les parents de Mathieu lui ont défendu de voir son meilleur ami après l'école et les fins de semaine. Les parents de cet ami ont été avisés que jusqu'à ce que tout revienne dans l'ordre, Mathieu ne peut pas voir son ami. Si Mathieu, un amateur de rock, n'améliore pas ses résultats scolaires, il perdra ses cassettes préférées.

Quelles sont les chances que Mathieu change?

Il est difficile de prédire l'aboutissement puisque les autres preuves de l'utilisation de drogues sont inconnues. On ne sait donc pas jusqu'à quel point Mathieu est impliqué dans la drogue. Les parents ont exercé leur privilège d'intervention. Si le problème n'est pas trop avancé et s'ils ont confiance en leur capacité de le régler, une approche assurée et intransigeante pourrait changer l'attitude de Mathieu.

L'intervention des parents amène souvent une amélioration temporaire des résultats scolaires. Dans certains cas, ce qui semble être une amélioration n'est, en réalité, qu'une tricherie. Malheureusement, un changement d'attitude temporaire satisfait souvent les parents qui relâchent alors leur position sévère et inflexible. Sans une intervention continue, la consommation de drogue progresse parfois jusqu'à la dépendance.

Plusieurs facteurs peuvent amener les parents de Mathieu à croire que la situation est sous contrôle. Vraisemblablement, Mathieu sait pourquoi ses parents le soupçonnent de prendre de la drogue. Cela pourrait le motiver à être plus sournois à propos de sa consommation plutôt que d'arrêter. À moins que les parents connaissent bien les accessoires et les autres signes et symptômes plus subtils qui entourent la consommation de drogue (voir annexe C), Mathieu pourrait fort bien réussir à cacher son usage pour un certain temps.

Examinons maintenant la décision des parents d'empêcher Mathieu de voir son meilleur ami. Comme l'affirmait le docteur DuPont, ancien directeur du NIDA (*National Institute on Drug Abuse*), «le facteur le plus déterminant, à savoir si quelqu'un prendra de la drogue comme la marijuana, est le fait que son meilleur ami en prenne ou non». Même si les parents de Mathieu rendent les choses plus difficiles, il n'est pas impossible que Mathieu voie son ami. Par exemple: «Je l'ai rencontré au centre commercial. Je ne pouvais pas ne pas lui parler. Vous aviez raison, il n'en vaut pas la peine.» Les parents se laissent manipuler par la remarque négative de Mathieu et ils relâchent graduellement l'interdiction de voir son ami. Ou, Mathieu peut laisser tomber son ami et s'en faire d'autres sournoisement qui prennent aussi de la drogue.

En fait, les parents de Mathieu avancent sur une route parsemée d'embûches, dont aucune ne mène au but ultime qui est de ramener Mathieu sur le droit chemin. Ils sont inquiets et essaient consciencieusement d'affronter le problème. Ils doivent cependant être prêts à faire ce qu'il faut et aussi longtemps qu'il le faut. Mathieu doit réaliser que ses parents sont sérieux, que ses duperies soigneusement élaborées sont inefficaces et que ses parents sont prêts à tout pour régler son problème de drogue. Dans ces circonstances, il serait bon que les parents consultent leur médecin de famille ou leur pédiatre. Ils peuvent eux-mêmes avoir besoin d'un appui externe pour réaliser leur objectif.

Établissez des limites — agissez au lieu de réagir

Lorsque la consommation de drogue est évidente ou que plusieurs symptômes semblent présents, réaffirmez votre position et exposez clairement les limites que vous entendez faire respecter. Souvenez-vous que les parents ont le droit et la responsabilité de prendre position! («Je t'aime trop pour te laisser gâcher ta vie ou la mettre en danger à 15 ans.») Assurez-vous de pouvoir donner suite à vos paroles. Des menaces non fondées n'ont aucune signification. Il importe aussi de faire respecter les limites avec justesse et constance. Cependant, soyez conscient des problèmes que comporte la mise en vigueur de ces limites.

- Si vous défendez à votre adolescent de voir certaines personnes, vous devez:

  — exprimer clairement pourquoi vous en êtes arrivé à cette décision;

  — être prêt à surveiller ses allées et venues en tout temps en étant à la maison avant et après l'école;

  — être préparé à la colère et au ressentiment de la part de votre adolescent.

  — Les adolescents choisissent habituellement des amis qui partagent leurs attitudes et leurs valeurs. Donc, si votre adolescent choisit un ami qui a des traits de caractère indésirables, vous devriez examiner les valeurs de votre adolescent.

- La plupart des enfants changent leur comportement après une perte de privilège, mais certains ne le font pas. Si vous soupçonnez que votre adolescent prend de la drogue, à cause de ses faibles résultats scolaires ou de tout autre signe, vous pouvez établir certaines limites afin de donner plus de structure à la vie de votre enfant, de l'aider à améliorer ses résultats scolaires et d'éviter qu'il se joigne à des amis et à des groupes indésirables. Ce genre de limites indique à l'enfant ce qu'il peut et ce qu'il ne peut pas faire et quand il doit le faire.

Les contrats restrictifs comme méthode de discipline

Pour les adolescents qui ont des problèmes de drogue plus graves, certains parents utilisent un contrat écrit. Le contrat stipule que si l'enfant ne respecte pas les responsabilités assignées et acceptées, il perdra certains droits ou privilèges prédéterminés. Une fois le contrat écrit, les deux parties le signent. En fait, le contrat dit: «Si tu prends de la drogue (ou tu rentres trop tard, etc.), voici ce que nous ferons.» Lorsque vous savez ce qui est important pour votre adolescent, vous pouvez utiliser ces objets ou ces privilèges comme des outils de discipline dans votre intervention et votre prévention.

Par exemple, si le contrat n'est pas respecté, l'adolescent a accepté au préalable de:

— donner son objet préféré à un organisme de charité (par exemple une cassette, un séchoir à cheveux, une radio, des skis, etc.);

— renoncer à utiliser la voiture pour une période déterminée;

— diminuer les téléphones ou la télévision pour une période spécifiée.

Vous trouverez un exemple du contrat à l'annexe F. Cependant, avant d'entreprendre la rédaction d'un contrat restrictif visant à discipliner l'enfant qui a de sérieux problèmes de comportement, les parents devraient consulter un expert.

Les tests d'urine comme moyen de contrôle

L'unique moyen de s'assurer qu'un adolescent prend de la drogue, à moins de le voir faire, est le test d'urine normalement effectué dans le cadre d'un programme. Les parents utilisent habituellement ce moyen de contrôle lorsque leur enfant est à une phase avancée de consommation. Toutes les drogues, même la marijuana, peuvent être dépistées. Beaucoup de gens, dont les athlètes professionnels et certains travailleurs, doivent maintenant se soumettre à ce genre de test. On a pu assister récemment à un débat en vue de déterminer si un employeur avait le droit d'exiger un tel test comme critère d'embauche.

Cette question ne devrait pas vous toucher si votre enfant est à une phase avancée, mais vous voudrez, bien sûr, vous assurer que le test est précis. Ce ne sont pas les droits de votre enfant que l'on met en jeu ici, mais bien sa consommation de drogues. La plupart des grandes villes ont des programmes de dépistage pour les gens qui ont des problèmes de cet ordre. Les manifestations peuvent être physiques, scolaires, psychologiques ou juridiques.

6. Consultation, traitement et suivi

NÉGATION

Déni des parents

Malheureusement, beaucoup de parents nient le fait que leur enfant est impliqué dans le milieu de la drogue, à un niveau social, expérimental ou autrement, ou même qu'un tel milieu existe. L'adolescent leur dit «Bien sûr que non je ne touche pas à ça» et les parents, qui veulent à tout prix le croire, répondent «Très bien!», et ferment ensuite les yeux. Ils acceptent facilement les piètres excuses de l'adolescent concernant certains événements ou comportements suspects. Lorsqu'un autre parent les appelle pour discuter d'une question spécifique relative aux activités des jeunes, ils répondent: «Oh non, ce n'est pas vrai. Nathalie a dit qu'elle est allée au cinéma avec Charles hier soir.» S'ils sont confrontés à des preuves flagrantes et irréfutables de l'implication de leur enfant dans la drogue, ils trouvent rapidement des justifications.

Pourquoi? Sont-ils indifférents? Peut-être, mais pas nécessairement. Ils n'ont peut-être pas assez confiance en eux ou ils ne savent pas comment aborder le problème. Ou ils croient qu'en admettant le problème, toute la communauté sera au courant et les jugera. Plusieurs raisons expliquent la négation des parents, ce syndrome du «pas mon enfant». Peu importe la raison, le résultat est le même: les parents ferment les yeux afin de ne pas avoir à affronter le problème. Malheureusement, trop de parents continuent à ignorer les signes évidents jusqu'à ce qu'ils reçoivent un téléphone de l'urgence de l'hôpital, du poste de police ou du directeur de l'école les forçant à intervenir. Si la situation progresse jusqu'à ce point, les parents et l'adolescent ont alors un sérieux problème.

Déni de l'adolescent

Il n'est pas très surprenant de constater que les adolescents qui sont confrontés à leur problème d'alcool ou de drogue le nient vigoureusement. Ils ne veulent pas avoir de problème. Ils veulent continuer à avoir du plaisir avec leurs amis et ils veulent conserver leur moyen efficace de se sentir bien lorsqu'ils en ont besoin. Ils refusent d'admettre que c'est souvent la drogue qui fait qu'ils ont besoin d'un remontant. À cette phase, la plupart des conséquences sur la santé, qui prennent habituellement beaucoup de temps à apparaître, semblent nébuleuses aux jeunes. De la même façon, les adolescents se croient miraculeusement immunisés contre les conséquences de l'usage des drogues et les dangers potentiels pour leur vie. Ils croient également, consciemment ou inconsciemment, être capables de tromper la loi ou l'école s'ils ont des problèmes, de la même manière qu'ils ont trompé leurs parents.

Les adolescents qui abusent justifient leur consommation en se disant que certains de leurs amis consomment encore plus qu'eux, et aucun de leurs amis ne leur dira qu'ils abusent. Ils croient que, si la situation devient hors de contrôle, ils pourront arrêter sans problème. Le jeune qui fait un abus de drogues a souvent une fausse perception de sa propre situation et il peut être incapable de rationaliser. Par conséquent, les parents peuvent ajouter beaucoup de poids à l'évaluation que le jeune fait de sa propre condition. Les adolescents (et les adultes) doivent atteindre un niveau tout à fait insupportable avant d'admettre qu'ils ne peuvent se contrôler et d'accepter de l'aide. Le rôle des parents est d'accélérer ce processus d'acceptation, seuls ou avec de l'aide. Ainsi, le jeune pourra affronter son problème et essayer de le résoudre.

LA DÉCISION DIFFICILE DE DEMANDER DE L'AIDE

Ne faites pas face seul au problème; demandez de l'aide. C'est la chose la plus importante et la plus difficile qu'un parent paniqué puisse faire. Si vous ne savez pas si vous devriez chercher de l'aide, demandez-vous si votre adolescent est hors de (votre) contrôle, au-dessus de toute autorité ou de votre intervention. N'hésitez pas à demander conseil auprès d'amis, de parents, de professeurs, de conseillers scolaires, du médecin de famille ou de toute personne qui pourrait vous éclairer et vous donner des suggestions. Ils voudront tous vous aider parce qu'ils sont concernés. Cependant, l'aide externe doit compléter l'effort familial et non le remplacer.

Bill Porter, coordinateur des services de santé d'une commission scolaire du Colorado, suggère aux parents qui s'inquiètent de ce que leur enfant prend de l'alcool ou de la drogue de communiquer avec une des personnes suivantes à l'école de l'enfant: le directeur, un conseiller, un professionnel (par exemple, psychologue, travailleur social) ou l'infirmière de l'école. Il insiste sur le fait de choisir la personne avec qui les parents sont le plus à l'aise et avec qui ils ont la meilleure relation pour discuter d'un sujet difficile. Toutes ces personnes sont des sources d'information disponibles à l'école et peuvent vous aider. Si elles n'ont pas toutes les ressources nécesaires, elles vous aideront à les trouver.

Certains parents croient que le problème de la drogue est trop compliqué ou qu'il comporte des aspects qui nécessitent une aide professionnelle. Les traitements disponibles font l'objet d'une section séparée. Cependant, un mauvais diagnostic peut être fait pour les deux extrêmes. N'hésitez pas à insister si vous croyez que votre enfant a un problème, même si d'autres personnes vous disent qu'il est parfaitement normal. Les parents ont en général la réputation de justifier les changements inquiétants chez leur enfant et de nier la possibilité d'un problème de drogue, mais certains professionnels (et non-professionnels) font la même chose. Il peut être très frustrant pour un parent de constater un problème chez son enfant, de demander de l'aide et d'être incapable de convaincre l'«expert» qu'il y a réellement un problème. Rappelez-vous que vous connaissez votre enfant mieux que quiconque. Ne lâchez pas jusqu'à ce que vous soyez satisfait.

Souvenez-vous également que plusieurs enfants qui sont dépendants d'une substance chimique sont des experts de la duperie et du mensonge. Quelques-uns réussissent même à tromper les experts. Une fois que la preuve a été faite, certains maîtres de la duperie essaieront de convaincre leurs parents que le diagnostic est exagéré. Ne vous laissez pas prendre, même si vous souhaitez plus que toute autre chose que cela soit vrai.

— LORSQUE LA SITUATION EST HORS — DE CONTRÔLE*

Définissons d'abord ce que «hors de contrôle» signifie. En fait, nous parlons d'une situation à laquelle, en tant que parents, nous ne pouvons faire face avec les connaissances que nous avons. Voici quelques exemples:

- Votre adolescent a une expérience avec la drogue qui devient hors de contrôle et vous croyez qu'il peut y avoir un problème sérieux. Par exemple:

  — ivresse en public pouvant être dangereuse;

  — mauvaise expérience (*bad trip*) causée par une hallucination;

* Cité avec la permission du comité d'étude du CAP, du docteur Kenneth H. Ash et de M. Armon Johannsen, de Fort Collins (Colorado).

— distorsion de la réalité ou comportement étrange causé par une mauvaise réaction à une drogue injectée.

- Vous avez découvert que votre adolescent est dépendant d'une drogue.

- Vous apprenez par la police que votre enfant a été arrêté pour vente ou achat de drogue.

- Votre adolescent est réprimandé ou suspendu de l'école ou d'une place publique pour usage de drogue.

- Votre adolescent tente de se suicider ou pose un autre geste grave relié à la drogue.

Ensuite, lorsque vous êtes confronté à une crise, vous devez réagir avant de penser à une solution pour régler le problème. Il existe plusieurs lignes directrices pertinentes.

- Dans le cas d'une mauvaise réaction ou d'une tentative de suicide, amenez la personne à l'urgence aussi vite que possible. (N'oubliez pas que l'alcool est une drogue et peut être consommé en quantité toxique.) Amenez la personne vous-même ou appelez 911 pour avoir une ambulance le plus vite possible. Essayez de savoir:

  — quelle drogue a été prise et comment;

  — quelle quantité a été prise et en combien de temps;

  — quand a-t-elle été prise.

  Vérifiez les signes vitaux.

- Si votre enfant est arrêté, vous devrez vous rendre au poste de police, peut-être payer une caution et vous devrez accepter de superviser le comportement de votre adolescent jusqu'à l'audience. Ne réagissez pas de façon émotive, si vous le pouvez, jusqu'à ce que vous ayez eu le temps de penser et de parler.

- Discutez de vos réactions avec votre conjoint, un(e) ami(e), ou quelqu'un en qui vous avez confiance. Cela vous aidera à décider ce que vous voulez faire et dire. Attendez un jour ou deux avant de parler avec votre enfant; vous aurez plus de contrôle et vous serez par conséquent plus en mesure de l'aider.

Intervention: Une fois que vous avez fait le point sur vos réactions et que vous savez ce que vous voulez faire, planifiez un moment pendant lequel vous ne risquez pas d'être interrompus pour parler en privé avec votre adolescent.

Voici quelques conseils qui peuvent vous aider:

- Parlez le plus calmement possible; demandez à une personne en qui vous avez confiance d'être présente si vous avez peur de perdre le contrôle de vos émotions.

- Parlez de ce que vous avez ressenti — peur, embarras, colère — mais insistez surtout sur le fait que vous êtes inquiet de ce qui arrive.

- Dites ce que vous comptez faire: «D'après ce qui est arrivé, je vois que tu as, et que nous avons *en tant que famille,* un sérieux problème, et voici ce que je propose de faire.»

- Expliquez les démarches que vous avez entreprises: «J'ai pris un rendez-vous avec ______________________ et nous irons toute la famille.»

- Écoutez la réaction de votre enfant mais n'attendez pas pour aller chercher de l'aide.

- Allez chercher de l'aide seul si votre adolescent refuse d'y aller. Vous saurez alors ce qu'il faut faire.

- Lorsque vous prenez la décision de placer votre enfant dans un centre de traitement, un spécialiste en intervention peut venir vous rencontrer pour vous aider et vous guider au cours de cette épreuve. Un thérapeute peut vous aider à exprimer vos inquiétudes, à les présenter avec amour et à les communiquer à l'adolescent: «Je ne pouvais plus supporter de te voir te faire du mal.»

Que faire si l'enfant dépendant d'une substance refuse de se faire traiter?

Il se peut qu'après tout ce que vous avez dit et fait, votre adolescent dépendant d'une drogue vous déclare d'un ton renfrogné: «Il n'est absolument pas question que j'aille dans un centre de désintoxication.» Dans ce cas, vous pouvez forcer l'enfant à recevoir ce traitement. Dans la plupart des endroits, les parents peuvent inscrire légalement leur enfant dans un programme de désintoxication. Si vous pensez à cette solution, vous devriez consulter un avocat ainsi que le représentant du centre en question.

Une autre façon de faire, si votre adolescent est d'âge plus mûr, est de l'informer (de façon catégorique) que, d'après vous, aussi longtemps qu'il sera financièrement dépendant, vous avez le droit de prendre une telle décision. Si l'adolescent refuse toujours de vous donner ce droit, la seule autre solution est qu'il devienne financièrement indépendant. Subvenir à ses besoins signifie qu'il doit trouver un emploi, se prendre un appartement, payer son loyer et toutes ses autres dépenses. L'adolescent doit comprendre qu'il prend la décision de partir parce qu'il n'accepte pas les règlements de la famille (par exemple, voir un thérapeute pour traiter sa dépendance à la drogue ou à l'alcool, suivre un traitement dans un centre, etc.). Faites-lui comprendre que, lorsqu'il acceptera les règlements de la famille, il sera le bienvenu. Si vous choisissez cette façon, vous voudrez peut-être consulter un avocat au sujet de votre responsabilité légale pour les actes de votre enfant mineur. Cependant, *avant* de prendre une telle décision, consultez un professionnel de la santé mentale.

Une autre méthode moins controversée, souvent utilisée avant de recourir à un moyen ultime, est le contrat restrictif. Les conséquences d'une consommation continue de drogues ou d'un refus de traitement ou de consultation sont très sévères, mais aussi très significatives pour l'adolescent. Par exemple, le contrat peut stipuler que vous retirerez toute aide financière pour l'école. Comme nous l'avons déjà mentionné, un expert dans les contrats restrictifs vous aidera à préparer un tel contrat. Si l'adolescent rejette le contrat, cela est une indication qu'il y a quelque chose d'anormal.

Toutes ces solutions semblent draconiennes et il peut être très pénible pour un parent d'agir de la sorte avec son enfant. Mais il faut considérer les alternatives: problèmes émotifs et perturbations familiales, risques de problèmes légaux, possibilité de dépendance et de mort.

Vous êtes la personne qui doit prendre la décision *finale* concernant votre enfant dépendant. Il est à souhaiter que vous demanderez la participation d'un professionnel de la santé mentale dans cette décision. Le docteur Donald Ian McDonald et M. Miller Newton, Ph.D., parlent du problème de traiter des enfants dépendants sans passer dans un centre de désintoxication dans leur article «The Clinical Syndrome of Adolescent Drug Abuse» publié dans *Advances in Pediatrics:* «Dans son environnement habituel, écrivent-ils, l'adolescent dépendant d'une substance chimique est constamment exposé aux messages de drogues et à ses amis qui prennent de la drogue. Il a peu de volonté et pas vraiment de désir pour arrêter. Il a accès facilement aux drogues. Quelques enfants peuvent réussir à arrêter avec beaucoup de soutien mais, pour la plupart, le traitement exige son retrait total du milieu pour aller dans une résidence ou un foyer de traitement strict. Des efforts herculéens de surveillance par des parents engagés peuvent réussir, mais pour les phases plus avancées, les chances de succès sont faibles.»

LES TYPES DE TRAITEMENT DISPONIBLES

Une fois que les parents ont pris la décision d'aller chercher de l'aide professionnelle pour leur adolescent, ils se demandent quel genre d'aide est le plus approprié. La plupart des parents, en plus de se sentir incompétents pour déterminer cela, sont exténués à cause de l'anxiété et de la frustration et ils ont tendance à oublier le processus d'une prise de décision logique. Ils peuvent errer désespérément pour trouver quelque chose, n'importe quoi qui pourrait les aider. «Les parents sont vulnérables à la publicité, aux tactiques de peur, au sensationnalisme, à leur propre peur de ne pas être à la hauteur, à leur culpabilité, à leur rage et à leur ignorance. Ils sont des victimes dès le moment où ils vont chercher un traitement», ajoute Tom Brewster, directeur du Centre de recherche et de traitement en toxicomanie de l'Université du Colorado. Les parents peuvent éviter de devenir des victimes en faisant un effort pour découvrir quel genre de traitement est le mieux adapté aux besoins de leur enfant et en examinant soigneusement tous les choix dans cette catégorie de traitement.

Il existe trois genres de traitements pour l'abus de drogues: la psychothérapie psychiatrique ou la consultation psychologique générale, qui vise à déceler les problèmes sous-jacents plutôt que de s'occuper des problèmes de drogue et d'alcool; la consultation externe pour l'abus de drogue qui considère l'usage de drogue ou d'alcool comme un problème en soi et non comme un symptôme d'autres problèmes; les programmes de traitement interne. Certains programmes de traitement interne considèrent la consommation de drogue et d'alcool comme le problème alors que d'autres la considèrent comme un symptôme d'un problème sous-jacent. Tom Brewster suggère de considérer la drogue *et* l'adolescence dans le traitement. Il croit qu'isoler les deux est une grave erreur. Dans chacune de ces catégories, une multitude de facteurs contribuent au succès ou à l'échec du traitement. Comment les parents peuvent-ils y voir clair et trouver ce qui est le mieux pour leur enfant?

La première chose à faire est de demander conseil à quelqu'un en qui vous avez confiance et dont vous respectez l'opinion. Ce peut être un conseiller scolaire ou un médecin. Cette personne devrait être en mesure de vous référer directement ou indirectement à un professionnel de la santé (psychiatre, travailleur social, infirmière, psychologue, conseiller professionnel en abus de substance) *qui possède une formation pour traiter l'abus de drogue chez les adolescents.* Ce dernier pourra évaluer le problème de votre enfant et vous suggérer un plan d'action. Un médecin qualifié saura probablement vous conseiller le type de traitement le plus approprié.

Si vous n'avez pas de source personnelle d'assistance disponible, vous devrez vous-même faire la recherche. Plusieurs sources sont énumérées dans les pages jaunes sous «Alcoolisme» et «Toxicomanie». Vous y trouverez aussi les associations professionnelles de psychologues, de psychiatres et de travailleurs sociaux. Vous pouvez essayer l'administration municipale ou l'église paroissiale. Appelez un des numéros de téléphone donnés à l'annexe G de ce livre ou consultez l'annuaire de votre localité. Ensuite, appelez chaque médecin et chaque centre de traitement que vous avez sur votre liste. Interrogez-les sur les traitements qu'ils offrent. Ne soyez pas intimidés. Posez des questions sur les références des employés ainsi que sur leur expérience et leur formation pour traiter les problèmes d'abus de drogue chez les adolescents.

Plusieurs centres de traitement interne offrent une évaluation gratuite. Un bon programme de traitement pour adolescent peut vous aider à trouver le type de traitement approprié pour votre enfant. Cependant, n'oubliez pas que certains centres de traitement de la consommation de drogue n'ont pas toujours la même éthique professionnelle que le milieu de la santé mentale. On y retrouve des gens qualifiés et d'autres non qualifiés. Par exemple, une personne peut avoir comme *seule* qualification d'être un ex-alcoolique ou un ex-toxicomane sans être un professionnel, bien que plusieurs excellents professionnels de ce milieu soient eux-mêmes d'anciens alcooliques ou toxicomanes. Les personnes désintoxiquées qui sont dans le milieu des traitements ont besoin d'une formation additionnelle pour évaluer et juger d'autres cas. Ou ils doivent travailler conjointement avec un professionnel qui peut offrir ces services.

En tant que consommateur soucieux avec un enjeu considérable — votre enfant — vous voulez également vous assurer que l'évaluation gratuite n'est pas simplement un moyen d'attirer des clients. Quel pourcentage de ces évaluations gratuites est référé au centre de traitement interne? Si vous avez l'impression de vous faire vendre quelque chose, que votre enfant est poussé, que vous n'avez pas le temps de réfléchir avant de prendre une décision, vous voudrez probablement une deuxième opinion. Un bon thérapeute devrait vous faire des recommandations, ne pas hésiter à vous référer ailleurs et il devrait insister sur le fait que c'est la responsabilité de la famille de prendre la décision.

Tom Brewster, directeur associé d'ARTS, un centre qui offre des traitements internes et externes, recommande le traitement le moins contraignant possible. L'adolescent devrait être un patient externe avant d'être traité à l'interne à moins de circonstances exceptionnelles, par exemple, si sa vie est en danger (des convulsions ou des attaques causées par l'abus d'une substance); si la situation est hors de contrôle (dépendance chimique, tentative de suicide, psychose, dépression); si l'adolescent est incapable de fonctionner à la maison pour une raison quelconque (abus sexuel ou physique, parent mourant). Un programme de traitement externe raisonnable commence par une ou deux visites par semaine. Si la thérapie ne donne pas de résultats positifs après quelques semaines, il est approprié à ce moment de progresser vers un traitement plus intense. Le délai dépend de la gravité du problème de l'adolescent.

Les «résultats positifs» doivent être mesurés dans le même contexte: une surveillance minutieuse à l'école et à la maison, des analyses d'urine régulières pour détecter s'il y a consommation de drogue. Si la consommation de drogue ou d'alcool continue, le traitement doit être intensifié. Cela peut vouloir dire des visites plus fréquentes chez le thérapeute. Cela peut aussi vouloir dire un programme externe structuré, comprenant non seulement des séances individuelles mais aussi des rencontres en petit groupe et un certain nombre de réunions avec les Narcotiques Anonymes (NA) ou les Alcooliques Anonymes (AA). Cela pourrait éventuellement signifier un programme de traitement de jour ou un traitement interne. Les programmes d'hôpitaux sont habituellement de courte durée, et s'adressent aux cas qui nécessitent une surveillance médicale. Cependant, la majorité des jeunes qui ne correspondent pas aux critères mentionnés plus haut peuvent être aidés avec un traitement externe. Votre enfant, par contre, pourrait bien être une des exceptions pour qui le traitement externe ne suffit pas.

Dans les deux cas, traitement interne et traitement externe, la participation de la famille est essentielle. Un bon thérapeute familial peut aider la famille à poser les gestes nécessaires pour arrêter et modifier le comportement de l'adolescent. Sans la participation active de la famille, il est peu probable que l'enfant réponde bien au traitement. Les membres de la famille ont eux aussi besoin d'aide pour changer leur comportement qui s'est développé face au problème. Il y a cependant des exceptions. Par exemple, si l'enfant refuse de communiquer avec ses parents mais semble vouloir consulter un thérapeute, il devrait pouvoir le faire. Dans un tel cas, le thérapeute peut communiquer de son côté avec la famille.

Si votre enfant est dépendant d'une substance chimique ou s'il y a d'autres facteurs qui en font un candidat pour un traitement interne, vous devriez scruter le programme à fond avant d'y confier votre enfant. Les points qui suivent sont des questions que vous pouvez vous poser et qui n'ont pas été mentionnées jusqu'ici.

- ✓ **Quels sont les objectifs précis du programme?** — Les problèmes de l'adolescence devraient être inclus ainsi qu'un bon programme familial et un suivi. Un autre objectif très important est la réintégration de l'enfant dans sa famille.

- **Le programme est-il structuré ou non?** — Un bon programme doit être bien structuré. Quelle en est la durée? Quelle est la journée typique de l'enfant? La thérapie est-elle en groupe ou individuelle ou les deux? Quelle en est la fréquence? Qu'exige-t-on des patients? La structure comprend-elle une bonne part de participation des parents. Si la participation des parents est restreinte, ils doivent savoir pourquoi.

- **Le programme est-il sans drogue?** — S'il n'y a pas d'analyse d'urine effectuée au hasard ou une supervision 24 heures par jour, vous devez vous poser des questions. Le programme tolère-t-il la consommation de drogues? Si le programme est trop tolérant, cela devrait vous rendre sceptique. Est-ce que les intervenants insistent sur la désintoxication? Dans la plupart des cas, les adolescents n'ont pas besoin de désintoxication.

- **Quelle est l'attitude du programme envers les drogues spécifiques?** — Le programme considère-t-il l'alcool et la marijuana comme des drogues «moins sérieuses» que les autres drogues? Si oui, cela pourrait être dangereux. Le programme traite-t-il une drogue en particulier? Habituellement, si vous empêchez un enfant de prendre une drogue, il en prendra une autre.

- **Les adolescents sont-ils traités séparément des adultes?** — Ce point est essentiel. Premièrement, les adolescents ont des problèmes qui leur sont propres. Deuxièmement, les jeunes adolescentes risquent d'être victimes d'abus sexuel de la part d'hommes adultes. Troisièmement, les enfants n'ont pas besoin d'adultes malades comme modèles.

- **Comment le programme définit-il un traitement réussi?** — Il s'agit d'une question piège, car le succès dépend de l'état de l'enfant lorsqu'il a commencé le traitement. Le succès du programme dans le traitement d'un enfant en particulier peut être déterminé seulement après un an de suivi. Ne vous fiez pas à un taux de succès élevé sans valeur scientifique.

Finalement, demandez le prix des différents traitements. Les programmes de consultation externe sont généralement subventionnés par le gouvernement et sont offerts gratuitement. Le coût d'un traitement interne, d'une durée de six mois, peut varier de 3 000 $ à 4 000 $. Plusieurs questions se posent. Combien ça coûte? Le financement est-il public, privé ou les deux? Les frais sont-ils déterminés selon le revenu? Le traitement est-il couvert par l'assurance-maladie? Si vous avez une assurance privée, communiquez avec votre assureur.

Après avoir terminé cette enquête approfondie, vous êtes prêt à prendre une décision. Une fois que vous avez choisi un traitement, mettez vos doutes de côté et foncez. Accordez tout le temps et les efforts nécessaires et faites les changements familiaux qui s'imposent pour que le traitement externe ou interne de votre enfant soit un succès.

LE PROBLÈME DU SUIVI

Qu'est-ce que le suivi?

Le suivi est la continuité des soins une fois que l'adolescent a terminé un programme de traitement structuré. Pendant le traitement interne, l'adolescent est complètement retiré de son environnement naturel et isolé de sa famille et de ses amis. Dans cet environnement restreint et contrôlé, il est forcé de s'abstenir des drogues de toutes sortes.

L'adolescent s'intègre graduellement au groupe d'adolescents qui ont des problèmes d'alcool et de drogues. Les adolescents s'aident mutuellement tout en étant guidés par le personnel professionnel dans la phase initiale du processus de guérison physique, mentale et émotive. Ainsi, le centre de traitement, isolé du monde extérieur, devient un refuge où les adolescents trouvent sécurité, soutien et soins à un moment où ils apprennent à affronter leurs problèmes sans utiliser de substances chimiques. Le retour à la maison équivaut à couper le cordon ombilical.

Pourquoi est-ce nécessaire?

Lorsque les adolescents retournent à leur environnement normal (maison, école, etc.), ils sont à nouveau exposés aux messages de drogue, aux amis qui prennent de la drogue et à l'accès facile aux drogues. Certains de leurs amis, et peut-être même les parents et les professeurs, peuvent penser que leur problème de drogue est réglé et bien fini. Leurs amis «drogués» peuvent croire que maintenant qu'ils sont sortis de «prison» (traitement), ils sont pressés de retourner à leurs anciennes habitudes. Aucune de ces réactions extrêmes n'aide l'adolescent à demeurer sobre et à rester loin des drogues.

Un des principaux problèmes dans la guérison est que les gens (les adolescents eux-mêmes) veulent trop en trop peu de temps. En réalité, l'adolescent en période de désintoxication a constamment besoin qu'on insiste sur les nouvelles techniques et les méthodes apprises en traitement. Il est également important que ces jeunes aient un sens d'appartenance à un groupe qui a une influence positive. Ils ne peuvent pas se permettre d'être avec leurs anciens amis drogués. Mais ce n'est pas facile de trouver des amis qui comprennent ce qu'ils ont vécu et qui les soutiennent.

Même si certains amis *straight* les soutiennent énormément, ils peuvent être très loin des drogues et ne pas vouloir continuer une ancienne amitié ou la renouer. Découvrir qui sont ses vrais amis peut être très pénible pour l'adolescent. De plus, certains parents peuvent s'opposer à ce que leur enfant fréquente un ancien toxicomane. Les adolescents, une fois guéris, doivent trouver non seulement de nouveaux amis mais aussi de nouveaux lieux et de nouvelles activités. Ils doivent éviter les anciens lieux de rencontre et les anciennes activités parce qu'ils sont associés aux vieilles habitudes de drogue. L'adolescent ne doit pas faire face seul à ces problèmes.

Que faut-il faire?

La clé du succès d'une désintoxication est de *maintenir* les changements personnels et relationnels une fois que l'adolescent ne prend plus de drogue. L'adolescent a besoin d'un programme ou d'un plan de soutien additionnel avec des contrôles et il doit réaliser qu'il s'agit d'un programme à long terme. Un des outils de soutien supplémentaires les plus efficaces est un groupe de jeunes qui sont tous en période de désintoxication.

Il doit aussi y avoir un groupe de soutien pour les parents. Non seulement l'engagement positif et l'information des parents sont-ils critiques pour la continuité de la guérison de l'enfant, mais les parents sont eux aussi en convalescence et ont besoin d'un soutien externe. La pression qu'un enfant dépendant d'une substance chimique met sur la famille peut souvent détruire la structure et les relations familiales. Ainsi, la dépendance à l'alcool ou aux drogues est souvent appelée une «maladie familiale».

Quel type de suivi est disponible?

La plupart des centres de traitement offrent un programme de traitement externe pour l'adolescent qui quitte le centre après une thérapie interne intense. Ces programmes de suivi peuvent durer de six semaines à plusieurs mois. Il y a sans aucun doute autant de choix disponibles pour les suivis qu'il y a de choix de traitements internes. Cependant, ils ont tous plusieurs dénominateurs communs dans leur approche.

Peu de temps avant que le patient quitte le centre, des conseillers rencontrent l'adolescent et les parents afin de développer «un programme de suivi à la maison» adapté à leur situation particulière. Il comprend les éléments suivants: 1. Assister à une séance de suivi au centre une fois par semaine. Assister à trois rencontres des Alcooliques Anonymes (AA) ou des Narcotiques Anonymes (NA) par semaine. 2. Trouver un parrain ou une marraine (plus âgé(e)) qui est sobre depuis au moins un an et qui est disponible pour un soutien individuel. Sous la direction de cette personne, continuer à lire et à étudier le «grand livre» des AA, le «livre des 24 heures» des AA et les notes des rencontres.

Après la période de suivi du programme, on encourage l'étudiant à retourner volontairement aux rencontres du centre ainsi qu'aux réunions des AA ou des NA. L'annuaire des lieux et des dates des rencontres des AA, des NA et de Al-Anon est disponible. Consultez l'annuaire de votre localité pour communiquer avec votre organisation régionale ou téléphonez au CLSC de votre région. S'il n'y a pas de rencontre dans votre localité, communiquez avec le bureau national (voir l'annexe G) pour savoir où se tiennent les réunions dans la localité la plus près de chez vous.

Le rôle de l'école dans le suivi

Les programmes de suivi dans les écoles, lorsqu'ils sont offerts, diffèrent également. L'exemple qui suit donne une bonne idée d'une situation «avant et après». David, un jeune réhabilité de 18 ans, raconte son retour à l'école. Il dut assister à une réunion du comité de «réinsertion» avant de reprendre ses cours. Sa mère, une veuve, ainsi qu'un conseiller en orientation, le chef du service d'orientation, le directeur adjoint et le psychologue de l'école étaient tous présents. Ils discutèrent du traitement et des problèmes auxquels David aurait à faire face. Plusieurs membres insistèrent sur leur disponibilité et leur volonté d'aider de n'importe quelle façon. Ils suggérèrent que David continue à voir le psychologue régulièrement et qu'il participe à une rencontre hebdomadaire pour les élèves qui ont des problèmes de toutes sortes. David avoua avoir participé à une seule rencontre et que celle-ci ne lui fut d'aucune aide. David croyait fermement que les élèves qui reviennent d'un centre de traitement font partie d'un groupe à part et que seulement ceux qui l'ont vécu peuvent comprendre. Son parrain, un ancien toxicomane maintenant sobre, et lui-même discutèrent avec le directeur de l'école du besoin d'un programme de soutien à l'école qui s'occuperait des problèmes individuels dans le maintien de la sobriété à l'école et dans le milieu social. À cette époque, le budget de l'école ne permettait pas un groupe de soutien séparé pour les élèves revenant d'un centre de traitement. David et son ami Marc-André n'eurent pas de succès non plus lorsqu'ils essayèrent de former un groupe de soutien dans leur communauté. Malgré l'aide du comité sur la drogue et l'alcool et de plusieurs membres des AA, il fut impossible de réunir les jeunes de son école à l'extérieur du milieu scolaire. Les principales raisons étaient le manque de motivation et les autres activités. Plusieurs de leurs compagnons d'école abandonnèrent leurs études ou retournèrent dans le milieu de la drogue.

Cependant, le directeur changea d'opinion par la suite. En 1986, un groupe de soutien pour la réinsertion fut créé. Le groupe, animé par un personnel dévoué et engagé, se rencontre une fois par jour pour une période. Même si la participation est volontaire, on s'attend à une présence régulière une fois la personne inscrite. Trois périodes hebdomadaires portent sur les problèmes auxquels ils doivent faire face, deux sont consacrées à un invité ou à une activité connexe. À son entrée dans le groupe, l'élève doit s'engager à ne toucher à aucune substance chimique. Si un élève «s'échappe», on lui demande de partager son expérience avec le groupe et on s'assure qu'il fera des efforts pour s'abstenir à l'avenir.

Il semble que le groupe soit devenu très populaire chez les jeunes qui reviennent d'un centre de traitement et un bon pourcentage y participe. Auparavant, plusieurs étudiants revenant d'un traitement abandonnaient l'école. Un plus grand nombre d'élèves demeurent maintenant à l'école. Une étude comparant les élèves qui participent au groupe et ceux qui ne participent pas a démontré que ceux qui assistent aux rencontres ont un taux d'absence moins élevé, de meilleures notes, moins d'abandon et moins de rapports de mauvaise conduite. Il n'y a pas d'analyse d'urine dans le programme; la consommation de drogue n'est donc pas contrôlée. Cependant, d'autres facteurs indiquent que plusieurs de ces élèves ne touchent plus à la drogue.

Le succès de leurs efforts a amené le groupe à considérer d'autres problèmes reliés. Ils espèrent pouvoir offrir des réunions des AA avant, pendant et après l'école à tous les élèves qui ont des problèmes d'alcool ou de drogue. On pourrait également mettre sur pied un groupe de soutien pour les parents et un groupe

Alateen pour les étudiants dont les parents ont des problèmes d'alcool ou de drogue. Les écoles peuvent s'engager de nombreuses façons à aider les élèves, les parents et les enfants de parents dépendants.

SOURCES LOCALES D'AIDE

Organisme/individu	Numéro de téléphone

7. Réservé aux jeunes

— LISTE DE CONTRÔLE PERSONNELLE — POUR LES ADOLESCENTS*

1. Est-ce que ça vous dérange si quelqu'un vous dit que vous buvez trop?

2. Avez-vous déjà manqué l'école ou le travail à cause de l'alcool et de la drogue?

3. Buvez-vous pour avoir plus confiance en vous-même, pour être plus à l'aise avec les autres?

4. Prenez-vous de l'alcool ou de la drogue seul?

5. Vous tenez-vous avec des gens qui boivent et qui prennent de la drogue?

6. Vos amis boivent-ils MOINS que vous?

7. Prenez-vous de l'alcool pour fuir la maison, l'étude ou les problèmes avec les amis?

---

* Les brochures qui ont servi à rédiger une partie de cette section ont été fournies par le *National Institute on Drug Abuse*.

8. Avez-vous emprunté de l'argent ou eu des problèmes financiers pour acheter de la drogue?

9. Avez-vous perdu des amis ou en avez-vous changé à cause de l'alcool ou de la drogue?

10. Buvez-vous jusqu'à ce que la bouteille ou la caisse soit vide?

11. Êtes-vous réticent aux discussions sur les drogues?

12. Avez-vous déjà eu une contravention alors que vous conduisiez avec facultés affaiblies? Avez-vous déjà eu des problèmes avec la police?

13. Avez-vous déjà eu des pertes de mémoire en buvant?

14. Vous sentez-vous coupable d'utiliser de la drogue?

15. Cachez-vous aux autres votre consommation abusive d'alcool ou de drogues?

16. Prenez-vous de l'alcool ou de la drogue pour relaxer lorsque vous êtes tendu ou nerveux? Vous sentez-vous plus fort alors?

17. Est-ce qu'il vous arrive de boire pour avoir un effet avant de sortir?

18. Avez-vous eu des problèmes à l'extérieur de la maison à cause de l'alcool ou de la drogue?

19. Vous arrive-t-il de devenir soûl ou gelé sans le vouloir?

20. Vous arrive-t-il de caler un verre au lieu de le boire tranquillement?

21. Avez-vous déjà pris de l'alcool, un joint ou une autre drogue le matin?

22. Avez-vous déjà été hospitalisé à cause de l'alcool ou de la drogue?

23. Vos notes ou votre travail souffrent-ils de votre usage d'alcool ou de drogue?

24. Avez-vous déjà volé de l'argent pour acheter de l'alcool ou de la drogue?

25. L'alcool est-il le centre d'intérêt de plusieurs de vos activités?

26. L'alcool affecte-t-il votre réputation?

27. Pensez-vous avoir un problème avec l'alcool ou la drogue?

28. Avez-vous déjà été impliqué dans un accident alors que vous buviez ou que vous preniez de la drogue?

Une réponse positive indique un danger; deux, une forte probabilité; trois, un problème.

— LORSQU'UN AMI A DES PROBLÈMES — DE DROGUE

Lorsqu'on est enfant, la plupart de nos idées proviennent de nos parents. À mesure que l'on vieillit, les idées de nos amis prennent de plus en plus d'importance. C'est à eux que vous demandez des conseils et de l'aide. Cela fait partie du processus de maturation. C'est vrai dans les deux sens: *vous* êtes probablement la personne la plus grande influence sur la vie de vos amis.

Supposez qu'un ami commence à prendre de la drogue. Que feriez-vous? Peut-être rien du tout. «C'est son affaire. On est dans un pays libre.» C'est une façon de voir les choses. Mais si vous êtes vraiment un ami, c'est aussi votre affaire. Ce qu'on appelle la «pression des pairs», c'est vous.

L'abus de drogue est souvent le signe d'un autre problème. Les gens prennent de la drogue pour changer leur situation ou fuir leurs problèmes. Les bons amis s'entraident dans les situations difficiles. Aidez votre ami à découvrir pourquoi il est blessé, en colère ou troublé.

Si le problème de votre ami est trop grave pour que vous puissiez l'aider, si vous avez peur ou si la situation est critique, appelez un des organismes de l'annexe G ou parlez-en à vos parents.

— LORSQUE LES PARENTS D'UN AMI — ONT DES PROBLÈMES DE DROGUE/D'ALCOOL

Vous avez peut-être connaissance que la mère ou le père d'un ami a des problèmes de drogue ou d'alcool parce que vous en avez entendu parler par des adultes ou que vous en avez été témoin. Votre amie, disons Josée, vous en a peut-être parlé. D'un autre côté, elle n'en a peut-être rien dit et elle est irritable et sur la défensive lorsque vous lui en parlez. Même si vous êtes sa meilleure amie en qui elle a confiance, il est trop difficile ou embarrassant pour elle d'en parler. Que feriez-vous si votre mère, par exemple, était une droguée ou une alcoolique? Malgré les apparences, Josée tient à votre amitié loyale plus que vous ne pouvez le savoir. Cela diminue la douleur associée à la solitude et à la dépression causées par la dépendance de sa mère. De plus, son père est peut-être trop occupé avec sa mère pour donner à Josée tout le soutien dont elle a désespérément besoin. Tenez bon! Essayez de comprendre et encouragez-la à partager ses problèmes. Elle a désespérément besoin d'être écoutée mais elle hésite à le demander. Au début, vous serez peut-être confuse.

Elle vit beaucoup de sentiments négatifs autres que la solitude et l'embarras. Vous serez peut-être blessée ou confuse à certains moments; vous penserez qu'elle en a contre vous alors qu'il s'agit de sa mère. Elle a peut-être d'autres inquiétudes. Elle peut avoir peur que sa mère se blesse lorsqu'elle est sous l'effet de la boisson, qu'elle mette le feu à la maison ou qu'elle ait un accident d'automobile. Elle a peur que ses amis la ridiculisent à cause du comportement de sa mère. Elle peut aussi avoir peur qu'on abuse d'elle physiquement. Elle est probablement en colère à cause de l'abus verbal et des responsabilités additionnelles qu'elle doit assumer concernant la maison et les enfants plus jeunes lorsque sa mère est ivre ou gelée. De façon générale, elle a peu d'estime pour sa mère et pour elle-même.

Ce sont des sentiments difficiles à vivre pour une adolescente. Le comportement de sa mère lui dit que «les drogues sont acceptables si on ne les utilise pas comme elle le fait». Josée pourrait être tentée d'utiliser la drogue pour échapper aux sentiments douloureux. Si cela se produit, essayez de lui faire comprendre que les drogues *ne sont pas bonnes*. Il y a une autre raison importante pour laquelle Josée doit éviter de prendre de l'alcool ou de la drogue, à moins qu'elle ne soit adoptée. La toxicomanie et l'alcoolisme ont tendance à se propager dans la famille; Josée a peut-être hérité d'une prédisposition physique à la dépendance. Si elle essaie de la drogue, elle pourrait finir très malade, comme sa mère.

Que pouvez-vous faire à part écouter et essayer de la convaincre que la drogue n'est pas une solution? Puisque la vie de famille de Josée est un gâchis, vous pouvez demander qu'elle participe à certaines activités avec votre famille. Elle a aussi besoin que quelqu'un l'aide à faire face à ses sentiments envers le problème de sa mère. Vous n'êtes pas en mesure de le faire. Encouragez-la à parler au conseiller scolaire. Le conseiller, en plus de sympathiser, de la comprendre et de la conseiller, peut aussi lui suggérer certains endroits où elle peut aller pour avoir de l'aide, comme le psychologue de l'école ou Alateen. Parlez-en à vos parents. Ils voudront probablement l'aider comme vous. Mais souvenez-vous que vous n'avez pas à régler les problèmes de Josée. Si les choses vont mal, ne vous culpabilisez pas. Vous avez fait votre possible et c'est tout ce qu'on demande de vous.

AFFRONTER LA PRESSION DES AUTRES ET LES DROGUES

Voici quelques façons de dire non aux drogues. N'oubliez pas que vous avez le droit de dire non!

- Donnez une raison. Si vous connaissez les faits, personne ne pourra vous tromper en vous disant que c'est agréable. Vous pouvez dire: «Non, je sais que ce n'est pas bon pour moi. Je suis bien comme je suis.» Vous pouvez ajouter: «Je pense que tu es lâche de prendre cette cochonnerie.»

- Trouvez-vous quelque chose d'autre à faire: «Non merci, je vais me chercher quelque chose à manger.»

- Préparez-vous à différentes sortes et à différents niveaux de pression. Elle peut débuter amicalement ou en plaisanterie; si c'est le cas, vous pouvez répondre de la même façon. Si la pression semble menaçante, vous aurez simplement à vous éloigner.

- Soyez direct. Dites simplement non. Vous n'avez pas à vous justifier si vous ne voulez pas prendre de la marijuana. Vous pouvez dire simplement non merci. Si cela ne fonctionne pas, répétez et insistez: «Non merci, ça ne me dit rien.»

- Évitez certaines situations. Si vous connaissez des endroits où l'on vend de la drogue ou des gens qui en prennent, tenez-vous loin. Si vous savez que les gens prendront de la drogue à un party, n'y allez pas.

PRÉCAUTIONS SUGGÉRÉES PAR DES AGENTS DE POLICE

Dans les endroits publics

- Lorsque vous allez dans un endroit où il y a beaucoup de gens, n'y allez pas seul.

- Évitez les foules indisciplinées.

- Rapportez toute personne suspecte ou qui vous offre une substance illégale au magasin le plus proche ou à un agent de police.

- Si vous devez aller dans un endroit isolé, demandez à quelqu'un de vous accompagner. Cela est vrai pour les salles de bains, les ascenseurs, les escaliers et les vestiaires.

Dans les stationnements

- Lorsque vous stationnez quelque part, peut-être pour vous entasser dans la voiture avec vos amis, barrez toujours les portes.

- Lorsque vous vous faites reconduire, demandez au chauffeur d'attendre que vous ayez franchi le pas de la porte. Ne vous rendez pas à votre voiture si quelqu'un se tient tout près.

- Regardez toujours sur le siège arrière avant de monter dans votre voiture.

Lorsque vous retournez à la maison à pied

Ne marchez pas seul le soir. Ne marchez pas et ne faites pas de bicyclette lorsque vous êtes ivre. Appelez quelqu'un ou restez où vous êtes. POURQUOI? Un jeune de 15 ans a perdu connaissance tout près de sa maison en revenant d'un party à pied. On a découvert son corps le lendemain. L'autopsie a démontré que la mort était due à une *overdose* d'alcool. Cependant, les autorités ont mentionné qu'il serait mort de toute façon après avoir passé la nuit dans la neige.

- Même si vous êtes avec une autre personne:

  — appelez à la maison avant de partir et dites à quelle heure vous pensez arriver;

— si personne n'est à la maison, laissez les mêmes renseignements à l'endroit où vous êtes et appelez immédiatement en arrivant à la maison;

— si une personne ou une voiture suspecte s'approche de vous, soyez prêt à courir. Allez à l'endroit sûr le plus près pour demander de l'aide.

Lorsque vos amis font quelque chose d'illégal

- Soyez conscient que c'est du vandalisme, du vol, de la possession illégale, etc.

- Ne participez pas. Éloignez-vous immédiatement et avertissez un adulte responsable.

- Soyez averti de la façon dont votre implication pourrait être interprétée par la loi. Par exemple, même si vous ne volez rien mais que vous regardez un ami voler, vous pouvez être complice. Si vous aidez à planifier un acte de vandalisme ou que vous suggérez un endroit (par exemple la maison de quelqu'un que vous n'aimez pas), vous pouvez être accusé de complot même si vous ne participez pas activement à l'acte de vandalisme.

Si vous assistez à une bagarre ou autre altercation

- Ne vous impliquez pas *directement*. Vous pouvez non seulement vous faire blesser, surtout si une arme apparaît soudainement, mais aussi être accusé d'agression ou de bagarre.

- Soyez un témoin précis.

Lorsqu'un agent est appelé (par exemple à un party)

- Attendez que la situation soit sous contrôle et suivez les directives de l'agent.

- Si vous avez été témoin d'un incident, informez-en l'agent (sur les lieux ou par téléphone à un moment plus approprié).

La loi et vous

La plupart des adolescents sont de fervents défenseurs de leurs droits en tant que citoyens et jeunes adultes. Mais pour ce qui est d'accepter leurs responsabilités civiles et légales, certains de ces adolescents s'en tirent constamment avec: «Les policiers ne peuvent rien faire ou ne feront rien parce que je suis un enfant.»

N'y comptez pas, surtout si vous vivez dans une grande ville. Au lieu de recevoir une tape sur la main ou un sermon, vous pourriez être accusé et arrêté, même pour un délit mineur. Si vous avez moins d'un certain âge, normalement 18 ans, vous serez traité selon le système juvénile et, si le délit est mineur, les conséquences pourraient être relativement légères.

Cependant, même si vous vous en sortez, toute la procédure n'est pas une expérience plaisante. Imaginez-vous en train d'être fouillé, menotté et conduit dans une voiture de police au poste. Dans le cas d'un délit important, vous seriez placé dans un milieu de garde prévu à cet effet, tel un centre de détention pour jeunes contrevenants. Pensez aux inconvénients qu'entraînent une comparution en cour, aux dépenses encourues pour l'avocat, si vous n'êtes pas admissible à l'aide juridique, aux amendes à payer, etc. Finalement pensez à la façon dont un dossier judiciaire pourrait affecter votre avenir. Vous seriez surpris de l'information requise pour obtenir un emploi. Même dans les cas où le dossier est effacé après quelques années, la cour garde des registres de toutes les causes entendues: comme on dit, la justice a de la mémoire!

De plus, vous pouvez être accusé comme un adulte. Que vous soyez accusé d'un délit mineur, d'une infraction ou d'un crime plus sérieux peut être influencé par le rapport de l'agent qui vous arrête ou par le traitement qu'en fait le substitut du procureur général (avocat de la Couronne en cour juvénile). Les peines, si vous êtes jugé coupable, sont déterminées par le juge. Ainsi, chaque fois que vous enfreignez la loi — n'importe quelle loi — vous hypothéquez votre avenir.

Nul n'est censé ignorer la loi. Vous avez la responsabilité d'être au courant des lois dans votre juridiction, ainsi que des lois provinciales et fédérales. Vous pouvez appeler le poste de police ou le Bureau de la protection de la jeunesse et demander des renseignements. Vous n'avez pas à vous nommer. Vous devriez également être au courant des peines que peuvent entraîner certains actes illégaux et criminels avant de céder à la pression de votre entourage.

ANNEXES

Annexe A

SUBSTANCES CONTRÔLÉES

	Drogues	Marques de commerce ou autres noms	Usages médicaux	Dépendance physique	Dépendance psychologique
NARCOTIQUES	Opium	Parégorique, Parépectolin	Analgésique, Antidiarrhéique	Élevée	Élevée
	Morphine	Morphine	Analgésique, Antitussif		
	Codéine	Codéine, Robitussin A-C	Analgésique, Antitussif	Modérée	Modérée
	Héroïne	Diacétylmorphine	Sous enquête	Élevée	Élevée
	Hydromorphone	Dilaudid	Analgésique		
	Mépéridine (Péthidine)	Demerol	Analgésique		
	Méthadone	Dolophine, Méthadone, Méthadose	Analgésique substitut d'héroïne		
	Autres narcotiques	Leritine, Percodan, Levo-Dromoran, Darvon, Tussionex, Fentanyl, Talwin, Lomotil	Analgésique, Antidiarrhéique, Antitussif	Élevée-faible	Élevée-faible
DÉPRESSEURS	Hydrate de chloral	Noctec	Hypnotique	Modérée	Modérée
	Barbituriques	Phénobarbital, Butisol, Tuinal, Secobarbital	Anesthésique, Anticonvulsivant, Sédatif, Hypnotique	Élevée-modérée	Élevée-modérée
	Gluthéthimide	Doriden	Sédatif, Hypnotique	Élevée	Élevée
	Méthaqualone	Quaalude, Sopor, Somnafac			
	Benzodiazépines	Ativan, Dalmane, Diazépam, Librium, Serax, Tranxene, Valium	Anxiolytique, Anticonvulsivant, Sédatif, Hypnotique	Faible	Faible
	Autres dépresseurs	Equanil, Miltown, Noludar, Placidyl	Anxiolytique, Sédatif, Hypnotique	Modérée	Modérée
STIMULANTS	Cocaïne	Coke, neige	Anesthésie locale	Possible	Élevée
	Amphétamines	Dexedrine	Hyperkinésie Narcolepsie Contrôle du poids		
	Phenmétrazine	Préludine			
	Méthylphénidate	Ritalin			
	Autres stimulants	Pre-Sate, Sanorex, Tenuate			
HALLUCINOGÈNES	LSD	Acide, micro	Aucun	Aucune	Degré inconnu
	Mescaline et Peyotl	Mesc, cactus			
	Variantes d'amphétamines	2, 5-DMA, PMA, STP, MDA, MMDA, TMA, DOM, DOB		Inconnue	
	Phencyclidine	PCP, Angel Dust	Anesthésique vétérinaire	Degré inconnu	Élevée
	Analogues de phencyclidine	PCE, PCPy, TCP	Aucun		Degré inconnu
	Autres hallucinogènes	DMT, DEI, Psilocyn		Aucune	
CANNABIS	Marijuana	Pot, Acapulco Gold, herbe, mari	Sous enquête	Degré inconnu	Modérée
	Tetrahydro-cannabinol	THC			
	Haschich	Hash, H	Aucun		
	Huile de haschich				

NOTE: Le tableau ci-dessus ne comprend pas les inhalants dangereux. Les renseignements qui suivent sont tirés d'une brochure éducative américaine intitulée *Schools Without Drugs: What Works.* Les types généraux sont:
Oxyde nitreux (gaz hilarant) — agent propulsif dans la crème fouettée en bombe aérosol.
Nitrite d'amyle (*poppers*) — liquide transparent jaunâtre en ampoules.
Nitrite de butyle (*rush*, *bolt*, *climax*) — empaqueté en petites bouteilles.
Chlorohydrocarbones (aérosols) — bombes aérosols de peinture et de liquides nettoyants.
Hydrocarbones (solvants) — cannette d'agent propulsif aérosol, de gasoline, de colle et de diluant à peinture.

CONSOMMATION ET EFFETS

Tolérance	Durée de l'effet (en h)	Méthodes d'administration courantes	Effets possibles	Effets d'*overdose*	Symptômes de manque
Oui	3-6	Oral, fumé	Euphorie, somnolence, dépression, difficulté respiratoire, pupilles rétrécies, nausée	Respiration lente et peu profonde, peau moite, convulsions, coma, mort possible	Larmoiement, écoulement nasal, perte d'appétit, irritabilité, tremblements, panique, frissons et sueurs, crampes et nausées
		Oral, fumé, injecté			
		Oral, injecté			
		Injecté, prisé, fumé			
	12-24	Oral, injecté			
	Variable				
Possible	5-8	Oral	Manque d'articulation, désorientation, comportement ivre sans odeur d'alcool	Respiration peu profonde, peau moite et froide, pupilles dilatées, pouls faible et rapide, coma, mort possible	Anxiété, insomnie, tremblements, délire, convulsions, mort possible
Oui	1-16	Oral, injecté			
	4-8				
Possible	1-2	Prisé, injecté	Vivacité accrue, excitation, euphorie, rythme cardiaque et tension artérielle augmentés, insomnie, perte d'appétit	Agitation, augmentation de la température du corps, hallucinations, convulsions, mort possible	Apathie, longues périodes de sommeil, irritabilité, dépression, désorientation
Oui	2-4	Oral, injecté			
		Oral			
Oui	8-12	Oral	Illusions et hallucinations, mauvaise perception du temps et des distances	«Voyages» plus longs et plus intenses, psychose, mort possible	Symptômes de manque non rapportés
	Jusqu'à des jours	Oral, injecté			
	Variable	Fumé, oral, injecté			
Possible		Oral, injecté, fumé, prisé			
Oui	2-4	Fumé, oral	Euphorie, inhibitions relâchées, appétit accru, comportement désorienté	Fatigue, paranoïa, psychose possible	Insomnie, hyperactivité, perte d'appétit parfois rapportée

Annexe B

TEST DE CONSCIENCE POUR LES PARENTS*

Répondez à ce test avec votre conjoint pour chaque enfant. Comparez vos résultats afin de pouvoir, si possible, présenter un test de conscience unifié pour chaque enfant. Demandez-vous si vous êtes objectif, réaliste et neutre dans vos réponses.

1. La personnalité de votre enfant a-t-elle changé de façon considérable et a-t-il des sautes d'humeur soudaines non appropriées (irritabilité, hostilité non provoquée ou étourderie)?

2. Est-il moins responsable pour les corvées, l'école ou les règlements de la maison?

3. Votre enfant semble-t-il délaisser ses anciens amis et sortir avec un groupe qui boit ou qui fête?

4. A-t-il des problèmes à l'école: baisse des notes, absences ou perte d'intérêt dans les activités scolaires?

5. Vous manque-t-il de l'argent ou des objets qui pourraient être vendus pour de l'argent?

6. Le niveau de vos bouteilles de boisson baisse-t-il; êtes-vous certain que l'alcool ne s'évapore pas ou qu'il ne se transforme pas en eau colorée? Et vos médicaments?

7. Entendez-vous parler constamment du comportement de votre enfant par des amis, des voisins ou des professeurs?

8. Votre enfant a-t-il des problèmes avec la loi?

---

* Ce document a été fourni par le *Saint Luke's Hospital*, unité des soins aux toxicomanes adolescents, de Denver (Colorado).

9. Votre enfant réagit-il de façon hostile aux commentaires, critiques ou remarques concernant sa consommation d'alcool?
10. Votre enfant évite-t-il les discussions, les émissions ou les livres sur l'alcoolisme ou l'abus de drogue?
11. Votre enfant se bagarre-t-il avec d'autres jeunes?
12. Présente-t-il des signes de problèmes médicaux ou émotifs (ulcère, gastrite, problème de foie, dépression, anxiété, pensée ou geste suicidaires)?
13. Est-il responsable au volant d'une voiture?
14. Votre enfant manque-t-il généralement d'honnêteté?
15. Votre enfant nettoie-t-il volontairement après un party d'adultes tout en négligeant les autres corvées ménagères?
16. Trouvez-vous des indices évidents comme une cachette de bouteilles, de cannettes de bière ou d'accessoires de drogue dans la chambre, le sous-sol ou le garage?
17. Détectez-vous chez lui des signes physiques comme une haleine d'alcool, des changements de pupille, des yeux rouges, un manque d'articulation ou un chancellement?
18. Votre enfant passe-t-il beaucoup de temps enfermé seul dans sa chambre, dans la salle de jeu ou à écouter de la musique?
19. Les habitudes d'alimentation et de sommeil de votre enfant ont-elles changé?
20. Les relations de votre enfant avec d'autres membres de la famille se sont-elles détériorées? Votre enfant est-il renfermé et peu communicatif?
21. Les habitudes vestimentaires et hygiéniques de votre enfant ont-elles changé considérablement?

22. Votre enfant a-t-il essayé de l'alcool et de la drogue? Quoi, quand et où?

23. Combien d'argent votre enfant a-t-il dépensé hier, la semaine dernière, le mois dernier en alcool et en drogue?

24. Pouvez-vous classer votre enfant dans la catégorie des abstinents, des consommateurs sociaux ou abusifs d'alcool ou de drogues?

25. Votre enfant est-il inquiet de votre propre consommation d'alcool ou de drogues?

26. Votre enfant est-il inquiet de sa consommation d'alcool ou d'autres drogues, dont la marijuana?

Si vous avez répondu OUI à 5 questions ou plus, il y a risque que votre enfant ait des problèmes d'alcool, de marijuana ou d'une autre drogue. Cependant, tenez compte de vos propres préjugés, de vos émotions et de votre attitude, car ils peuvent influencer vos réponses.

- Êtes-vous objectif et réaliste au sujet du comportement de votre enfant?

- Connaissez-vous les amis de votre enfant et leurs parents?

- Lorsque votre enfant sort, savez-vous où il va et ce qu'il fait?

- Donnez-vous un bon exemple en ne prenant pas d'alcool ou de drogue d'une façon non appropriée?

- Discutez-vous honnêtement, ouvertement, de façon réaliste et objective avec votre enfant au sujet de l'alcool et des drogues?

- Comprenez-vous vraiment les problèmes que doit affronter votre enfant dans la société d'aujourd'hui?

Si vous avez répondu OUI à ces questions, tout indique que votre relation avec votre enfant est constructive.

L'alcoolisme et la toxicomanie peuvent être traités avec succès. Cela dépend beaucoup de vous, de votre attitude et de ce que vous faites. Si un membre de votre famille ou un ami a des problèmes d'alcool ou de drogue, AGISSEZ.

Annexe C

SIGNES ET SYMPTÔMES PARTICULIERS DE LA CONSOMMATION DE DROGUES CHEZ LES ADOLESCENTS

La liste qui suit a été fournie par le comité CAP de Fort Collins (Colorado). Si certains de ces signes et symptômes apparaissent soudainement, vous devriez soupçonner votre enfant de consommer une substance chimique.

Symptômes physiques

- Changement dans le niveau d'activité — périodes de léthargie ou de fatigue (courantes avec la marijuana, l'alcool, les sédatifs, la cocaïne ou l'héroïne). Périodes d'hyperactivité (courantes avec la marijuana, l'alcool, les amphétamines et autres stimulants).

- Changement d'appétit, qui augmente ou diminue, et aussi besoin pour certains aliments (les sucreries sont courantes avec la marijuana). Perte ou gain de poids.

- Manque de coordination — démarche chancelante, mouvements lents, échappement d'objets, gaucherie, chute.

- Élocution — manque d'articulation, langage plat ou sans expression, élocution rapide, oubli d'idées et de pensées, phrases incomplètes.

- Souffle court, toux persistante, odeur curieuse de l'haleine et des vêtements (fréquents avec la marijuana).

- Yeux rouges, larmoyants, paupières tombantes.

- Écoulement nasal, vulnérabilité accrue aux infections et aux rhumes.

- Changement des habitudes du sommeil — reste debout toute la nuit, dort le jour, insomnie, sommeil excessif, refus de se lever.

- Changement d'apparence — changement dans le style de vêtements, moins grande préoccupation pour l'apparence, allure négligée, débraillée.

- Agitation grave, manque de concentration, tremblements, tremblements aux extrémités, nausées, vomissement, frissons (peuvent être un symptôme de sevrage).

- Distortion du temps — de courtes périodes peuvent sembler longues, temps de réaction lent.

- Traces de piqûres — manches longues pour toutes les températures. Les traces peuvent être à un endroit caché, comme à l'arrière de la jambe.

Changements sociaux et émotifs

- Changements et sautes d'humeur — de très heureux et sociable à irritable, anxieux, violent, bizarre, déprimé, très coléreux.

- Changements dans la pensée — manque de pensée, pensée bizarre et étrange, hallucinations, paranoïa, méfiance, pensée dépressive, pensée suicidaire.

- Retrait, réserve, sournoiserie, imprécision, hypersensibilité, interdiction d'entrer dans sa chambre.

- Changement soudain d'amis, dédain pour les anciens amis, fréquentation de nouveaux endroits, visites très courtes de gens.

- Baisse des résultats scolaires, absences, ressentiment envers les professeurs, prétextes pour éviter les travaux scolaires (laisse les livres à l'école), manque d'intérêt et de concentration à l'école, dans les passe-temps et dans tout ce qui l'intéressait auparavant (syndrome du manque de motivation).

- Nouvelles idoles — particulièrement des vedettes rock qui prennent de la drogue, des chansons parlant de drogues, des adolescents plus vieux.

- Problèmes légaux — infraction de conduite, agression, manque de respect pour la police, possession de drogue ou d'accessoires.

- Ressentiment envers toute forme d'autorité.

- Présence d'accessoires, d'encens, de désodorisants pour la pièce, de gouttes pour les yeux, de graines et de drogues.

- Mépris flagrant pour les règlements à l'école et à la maison, et pour la loi en général.

NOTE: Plusieurs de ces caractéristiques sont typiques chez les adolescents abstinents. Les parents doivent être attentifs aux changements et à l'exagération de ces comportements ainsi qu'aux combinaisons de ces caractéristiques.

Annexe D

STADES DE L'ABUS DE DROGUES*

STADE	CHANGEMENT D'HUMEUR	SENTIMENTS	DROGUES	SOURCES	COMPORTEMENT	FRÉQUENCE
1. Apprentissage des sautes d'humeur	Euphorie Normal Douleur	Sensation agréable Peu de conséquences	Tabac Marijuana Alcool	Amis	Peu de changements visibles; mensonge modéré après	Progresse jusqu'à la consommation les fins de semaine.
2. Recherche des sautes d'humeur	Euphorie Normal Douleur	Excitation Culpabilité précoce	Les mêmes et: Inhalants Huile de hash Haschich *Ups* *Downs* Prescriptions	Achat	Abandon des activités parascolaires; amis drogués et straight; changement vestimentaire; résultats scolaires irréguliers et absences; changements d'humeur et d'attitude imprévisibles; comportement malhonnête	Consommation la fin de semaine progressant à 4 ou 5 fois par semaine Consommation en solitaire peu fréquente
3. Préoccupation des sautes d'humeur	Euphorie Normal Douleur	Sommets euphoriques Double effet dont: Honte et culpabilité graves Dépression Pensées suicidaires	Les mêmes et: Champignons PCP LSD Cocaïne	Vente	Apparence *cool*; délaissement des amis *straight*; conflits familiaux (verbaux et physiques); vols et incidents avec la police; mensonge pathologique; échec scolaire, absence, expulsion, perte d'emploi	Quotidienne Consommation en solitaire fréquente
4. Consommation de drogues pour se sentir normal	Euphorie Normal Douleur	Culpabilité Honte Remords Dépressions chroniques	Tout ce qui est disponible.	De n'importe quelle façon	Détérioration physique (perte de poids, toux chronique); détérioration mentale grave (perte de mémoire et retour en arrière); paranoïa, colère volcanique et agression; abandon des études; *overdoses* fréquentes.	Tous les jours et tout le temps

* Reproduit avec la permission de D.I. Macdonald et M. Newton; «The Clinical Syndrome of Adolescent Drug Abuse» de Barness, L.A. *et al.* (Eds.) *Advances in Pediatrics*, Volume 28. Droits d'auteur par Year Book Medical Publishers, Inc., Chicago.

Annexe E

COMMENT ORGANISER UN PARTY D'ADOLESCENTS AVEC SUCCÈS*

La planification d'une activité sociale est l'aspect le plus important qui assure son succès. C'est une occasion pour les parents d'enseigner certains comportements sociaux et de dialoguer avec leurs adolescents. Le succès de votre party est le résultat direct de vos efforts.

Les parties sont généralement plus amusants lorsqu'ils sont organisés avec d'autres. Les parents et d'autres adultes doivent participer, mais les adolescents doivent être responsables des décisions (avec de l'aide, s'il le faut). Les adolescents doivent aussi se rappeler que les adultes sont légalement responsables des enfants mineurs.

Planification initiale entre adolescents

- Établissez des règles (par exemple, pas d'alcool et pas de drogue, règlements de la maison, etc.).
- Entendez-vous sur un plan de base pour le party et travaillez ensemble pour en faire un succès.

Responsabilités des parents

— Soyez présents, disponibles et prêts à aider. Soyez discrets. Le nombre d'adulte dépend de l'ampleur du party.

— Soyez visibles lorsque les invités arrivent.

---

* Développé par *Parents Who Care, Inc.*, Californie.

— Aidez (dans la cuisine) de façon que les hôtes puissent profiter du party eux aussi.

— Faites respecter l'interdiction d'alcool et de drogue.

Responsabilités de l'adolescent

— Prenez la responsabilité de la préparation.

— Commencez les activités, guidez les gens.

— Encouragez les invités à participer.

— Découragez les comportements indésirables.

— Ayez du plaisir.

Le but du party, quel genre de party?

Anniversaire • Costumé • Célébration • Classe •Thème • Vacances • *Beach party* • Équipe • Surprise • Randonnée à bicyclette • Pique-nique • Dîner, etc.

Activités spéciales à intégrer au party (suggestions)

Cartes • Jeux • Groupe • Guitare — Chanteur • Backgammon • Jeux dans l'eau • Disques • Danse • Basketball • Randonnée en charrette à foin • Maison hantée • Disque volant (frisbee) • Films • Projets artistiques • Fer à cheval • Cerf-volant • Magicien • Fabrication de crème glacée • Ping-pong • Baignade • Concours • Souper tardif • Sports (voir autres options)

Thèmes: western, mexicain, chapeau, barbecue, patin à roulettes, conférence, célébrité, chasse au trésor.

Lieu du party

- Où le party se tiendra-t-il? L'endroit est-il approprié pour les activités et le nombre de personnes? Que manque-t-il en fait d'équipement? À l'extérieur? À l'intérieur? Et le stationnement?

Invités

- Combien? Le nombre est-il approprié aux activités et au lieu? Le groupe est-il compatible avec le genre de party?

Invitations

- Doit comprendre: le genre de party, les activités, la date, l'heure, le lieu, si un repas est servi, les renseignements spéciaux et la tenue vestimentaire appropriée.

- Heures: sont-elles adaptées aux activités? Sont-elles appropriées à l'âge du groupe?

- Les invités doivent-ils apporter quelque chose: de la nourriture, des jeux, un costume, un cadeau, un maillot de bain, une serviette, etc.?

Décorations

- Quelles sont les décorations appropriées au genre de party ou au thème?

- De quoi a-t-on besoin? Tables, chaises, fleurs, lampes, éclairage extérieur ou intérieur, nappes, affiches, effets spéciaux, etc.?

Préparation des boissons et de la nourriture

On devrait préparer tout ce qu'on peut d'avance. La nourriture devrait être simple et au goût des adolescents. Les invités peuvent apporter quelque chose.

- Planifiez le menu — lorsque les invités arrivent, les hors-d'oeuvre, le repas, le dessert. N'oubliez pas le sel, le poivre, la vinaigrette et les condiments.

- Planifiez l'équipement nécessaire — plats de service et ustensiles, assiettes, plats pour la préparation, équipement spécial s'il y a lieu (par exemple, barbecue), serviettes, etc.

- Achetez la nourriture (surveillez les spéciaux). Les rafraîchissements doivent être fournis en abondance (boissons gazeuses, jus, limonade, thé glacé, etc.).

- Ayez beaucoup de glace, d'ouvre-bouteilles et de verres.

- Les poubelles doivent être bien visibles et en quantité suffisante.

Horaire et planification des activités

- Planifiez l'horaire du déroulement des activités:

  — Planifiez beaucoup d'activités.

  — Soyez flexible.

  — Qu'est-ce qui se produit à l'arrivée des gens? Prévoyez une façon de briser la glace.

- Planification des activités:

  — Assurez-vous d'avoir tout l'équipement nécessaire pour chaque activité (achetez-le ou empruntez-le).

  — Que tout soit organisé et prêt.

Annexe F

EXEMPLE D'UN CONTRAT RESTRICTIF

De ____
(nom de l'adolescent)

Je change mon style de vie. Je n'irai pas aux endroits suivants:

1. ______________________ 2. ______________________

Je change d'amis. Je ne verrai pas et je n'appellerai pas les personnes suivantes:

1. ______________________ 2. ______________________

Si j'appelle ou vois une de ces personnes, je subirai les conséquences suivantes:

1. ______________________ 2. ______________________

Voici les amis et les connaissances avec qui je passerai du temps:

1. ______________________ 2. ______________________

Voici les limites de temps que je me donne:

1. Je serai à la maison à ____________ du dimanche au jeudi.
2. Je serai à la maison à ____________ le vendredi et le samedi.
3. Je serai levé à ____________ les jours de semaine.
4. Je serai levé à ____________ la fin de semaine.

Si je suis irresponsable et que je ne respecte pas ces limites, voici les conséquences que je devrai subir:

1. ______________________ 2. ______________________

Lorsque je sors:

1. Je dirai à mes parents:
   Où je vais et j'irai avec leur permission.
   Comment je m'y rends.
   Avec qui j'y vais.
   Quand je prévois revenir.
2. J'appellerai si je change d'endroit.
3. Si je dois sortir avant que mes parents rentrent à la maison, je laisserai une note indiquant où je suis et quand je reviendrai.
4. Je placerai un calendrier bien en vue avec les événements à venir.

Si je ne respecte pas les exigences précédentes, voici les conséquences:

1. ______________________ 2. ______________________

Ces tâches à la maison doivent être terminées avant que j'aie droit à tout privilège:

1. __________________________ Quotidiennement ______

   Hebdomadairement ______ Au besoin ______

2. __________________________ Quotidiennement ______

   Hebdomadairement ______ Au besoin ______

Je n'aurai pas besoin qu'on me le rappelle et je ferai mon travail consciencieusement.

Si je ne respecte pas l'entente ci-dessus, voici les conséquences:

1. ______________________ 2. ______________________

SIGNATURES: ____________________________
(adolescent)

____
(parent)

Annexe G

RESSOURCES ET LECTURES ADDITIONNELLES

Organismes d'aide personnelle

Alcooliques Anonymes
5791, rue Iberville
Montréal (Québec)
H2G 1B8
Tél.: (514) 376-9230

Al-Anon et Alateen
Tél.: (514) 729-3034

Services des publications françaises
C.P. 266, succursale Outremont
Montréal (Québec)
H2V 4N1
Tél.: (514) 270-3277

Narcotiques Anonymes
2450, rue Workman
Montréal (Québec)
H3J 1L8
Tél.: (514) 939-3092

AA et NA sont spécialisés dans le processus de dépendance et de désintoxication des alcooliques et des drogués. Al-Anon et Alateen sont des groupes de soutien pour la famille et les amis d'alcooliques. Certaines publications sont disponibles au public. Les groupes locaux, s'ils existent, sont énumérés dans l'annuaire téléphonique.

Bureau de consultation jeunesse Inc.
420, rue Saint-Paul Est
Montréal (Québec)
H2Y 1H4
Tél.: (514) 844-1737

Association des intervenants en toxicomanie du Québec
2033, boul. Saint-Joseph Est
Montréal (Québec)
H2H 1E5
Tél.: (514) 523-1196

Centre de réadaptation Alternatives
6, Weredale Park
Westmount (Québec)
H3Z 1Y6
Tél.: (514) 931-2536

Cocaïne Anonymes
Tél.: (514) 481-8511

Jeunesse j'écoute
1 800 688-6868

Parents Anonymes
Tél.: (514) 288-5555

Centre de suivi et d'intervention G.B. Inc. en alcoolisme et en toxicomanie
1 800 363-5959

Vous pouvez également communiquer avec votre Centre local de services communautaires (CLSC) ou consulter les pages jaunes, sous les rubriques «Alcoolisme» et «Toxicomanie», afin de trouver des ressources dans votre région.

LECTURES SUGGÉRÉES

Les jeunes, l'alcool et les autres drogues

DEBESSE, Maurice, *L'adolescence*, 17e édition, Paris, Presses universitaires de France, 1984.

DÉCARIE, Thérèse Gouin, *De l'adolescence à la maturité*, Montréal, Fides, 1955.

MARÉCHAL, Claude, *L'alcool et les jeunes*, Paris, Programme 7: Les Presses universitaires de France, 1982.

TOURNES, Colette, *Pourquoi la drogue?* Paris, Drogstop, 1985.

VERRET, R., *La drogue en question*, Paris, Lamarre-Poinat, 1983.

WEINIGEL, Léon, *Désintoxication: journal d'un drogué*, Montréal, Quebecor, 1980.

Drogues et dépendance: effets psychologiques des psychotropes, Montréal, Presses de l'Université de Montréal, 1983.

Les drogues: faits et méfaits, Ottawa, Santé et Bien-être social Canada, 1983.

Être parent d'un enfant qui se drogue

BARNLEY, Pierre, *Comment renouer le dialogue avec l'adolescent*, Paris, Le Hameau, 1976.

BÉLANGER, Robert, *Parents d'adolescents*, Québec, Les Éditions R. Bélanger, 1981.

GUILLON, Jacques, *Cet enfant qui se drogue c'est le mien*, Paris, Les Éditions du Seuil, 1978.

LEROYER, Micheline, *Moi, mère de drogué*, Lausanne, Payot, 1979.

Le toxicomane et sa famille: thérapies familiales, Paris, Les Éditions universitaires, 1983.

La prévention du suicide chez les adolescents

CHABROT, Henri, *Les comportements suicidaires de l'adolescent*, Paris, Les Presses universitaires de France, 1984.

MORISSETTE, Pierre, *Le suicide: démystification, intervention, prévention: mythes, tabous et réalités*, Québec, Centre de prévention du suicide de Québec, 1984.

Le sexe à l'adolescence

TORDJMAN, Gilbert, *Réalités et problèmes de la vie sexuelle: adolescents,* Paris, Hachette, 1978.

VALENSIN, Georges, *Adolescence et sexualité,* Paris, Éditions J'ai lu, 1976.

Index

D

IMPRIMERIE L'ÉCLAIREUR
Une division de Groupe d'Imprimeries Quebecor inc
17180